Schleswig-Holstein

Land, Leute
und Küche

Schleswig-Holstein

Land, Leute
und Küche

tosa

Inhalt

Vorwort

Schleswig-Holstein, das nördlichste Bundesland Deutschlands, liegt zwischen Ost- und Nordsee und wird deshalb auch als „Land zwischen den Meeren" bezeichnet. Im Norden grenzt das Land an Dänemark, zu dem es bis zum Jahr 1864 auch gehörte. Davon zeugen heute noch viele Ortsnamen: Die Endung „by", z.B. in Fleckeby oder Gammelby, ist dänisch und bedeutet „Ort". Der frühere Einfluss der nördlichen Nachbarn zeigt sich in allen Bereichen, sei es bei den Überresten der Wikingerkultur oder bei kulinarischen Spezialitäten, wie Rote Grütze oder Labskaus.

Schleswig-Holstein hat alles, was man für einen erholsamen und gelungenen Urlaub braucht. Schließlich ist das Land eine der beliebtesten inländischen Urlaubsregionen. Hier lassen sich immer mehr Touristen gerne den Wind um die Nase wehen – umgeben von Leuchttürmen, Deichlämmern und dem Wattenmeer. Ob man sich auf dem Wasser tummelt und eine der zahlreichen Wassersportarten betreibt, eines der Fischerdörfer besucht und die maritime Atmosphäre genießt oder bei einer traditionsreichen Veranstaltung wie dem *Biike-Feuer* oder dem *Boßeln* die Menschen und ihre Mentalität kennenlernt: Das norddeutsche Lebensgefühl und die reizvolle Landschaft bilden den unverwechselbaren Charakter des Landes, dessen Charme nicht nur die Urlauber erliegen. Nicht umsonst heißt es, dass in Schleswig-Holstein die glücklichsten Menschen Deutschlands leben!

Wenn nicht anders angegeben, sind sämtliche Rezepte in diesem Buch für 4 Personen berechnet.

Leuchtturm am Ellenbogen, Sylt

Das ist Schleswig-Holstein

Lage:	Norddeutschland, zwischen Nord- und Ostsee
Fläche:	15 800 km²
Bevölkerungsdichte:	182 Einwohner pro km²
Gewässer:	Treene, Eider, Nord-Ostsee-Kanal, Elbe-Lübeck-Kanal, Großer Plöner See, Selenter See
Städte:	Kiel, Lübeck, Flensburg, Neumünster

Schleswig-Holsteins Hymne

1. Strophe

Schleswig-Holstein, meerumschlungen,
deutscher Sitte hohe Wacht!
Wahre treu, was schwer errungen,
bis ein schön'rer Morgen tagt!
Schleswig-Holstein, stammverwandt,
wanke nicht, mein Vaterland!
Schleswig-Holstein, stammverwandt,
wanke nicht, mein Vaterland!

2. Strophe

Ob auch wild die Brandung tose,
Flut auf Flut von Bai zu Bai:
O, lass blühn in deinem Schoße
deutsche Tugend, deutsche Treu'.
Schleswig-Holstein, stammverwandt,
bleibe treu, mein Vaterland!
Schleswig-Holstein, stammverwandt,
bleibe treu, mein Vaterland!

3. Strophe

Doch wenn inn're Stürme wüten,
drohend sich der Nord erhebt,
schütze Gott die holden Blüten,
die ein milder Süd belebt.
Schleswig-Holstein, stammverwandt,
stehe fest, mein Vaterland!
Schleswig-Holstein, stammverwandt,
stehe fest, mein Vaterland!

4. Strophe

Gott ist stark auch in den Schwachen,
wenn sie gläubig ihm vertrau'n;
zage nimmer, und dein Nachen
wird trotz Sturm den Hafen schau'n.
Schleswig-Holstein, stammverwandt,
harre aus, mein Vaterland!
Schleswig-Holstein, stammverwandt,
harre aus, mein Vaterland!

5. Strophe

Von der Woge, die sich bäumet
längs dem Belt am Ostseestrand,
bis zur Flut, die ruhlos schäumet
an der Düne flücht'gem Sand. –
Schleswig-Holstein, stammverwandt,
stehe fest, mein Vaterland!
Schleswig-Holstein, stammverwandt,
stehe fest, mein Vaterland!

6. Strophe

Und wo an des Landes Marken
sinnend blinkt die Königsau,
und wo rauschend stolze Barken
elbwärts ziehn zum Holstengau. –
Schleswig-Holstein, stammverwandt,
bleibe treu, mein Vaterland!
Schleswig-Holstein, stammverwandt,
bleibe treu, mein Vaterland!

7. Strophe

Teures Land, du Doppeleiche,
unter einer Krone Dach,
stehe fest und nimmer weiche,
wie der Feind auch dräuen mag!
Schleswig-Holstein, stammverwandt,
wanke nicht, mein Vaterland!
Schleswig-Holstein, stammverwandt,
wanke nicht, mein Vaterland!

Melodie: Carl Gottlieb Bellmann
Text: Matthäus Friedrich Chemnitz

Fehmarn

Das Land zwischen den Meeren

Schleswig-Holstein wird links von der Nordsee und rechts von der Ostsee begrenzt – und horizontal durchtrennt: Der über 100 Jahre alte *Nord-Ostsee-Kanal* verbindet die beiden Meere und ist die am meisten befahrene künstliche Schifffahrtsstraße der Welt.

Das Land weist eine besonders hohe Dichte an Naturparks auf, wobei der spektakulärste zweifelsohne in der Nordsee liegt: Das *Wattenmeer*, ein UNESCO-Weltnaturerbe, ist ein einzigartiger ökologischer Lebensraum für Kleinlebewesen, wie Wattwurm, Strandkrabbe, Nordseegarnele, Herzmuschel und Wattschnecke. Bei Ebbe können Besucher auf

einer geführten Wattwanderung diese typischen Wattbewohner erkunden. Von besonderer Bedeutung sind auch die vorgelagerten Salzwiesen: Sie sind wichtige Hochwasserrastplätze und Brutgebiete für zahlreiche Watt- und Wasservögel, wie z.B. Austernfischer, Rotschenkel und Seeschwalben. Weiter draußen auf den Sandbänken leben Seehunde und Kegelrobben. Um sie aus der Nähe zu betrachten, empfiehlt sich eine der vielen organisierten Fahrten.

Einer der touristisch wichtigsten Naturparks in Deutschland ist die *Holsteinische Schweiz*. Neben dem bei Wanderern beliebten Naturparkweg, der diesen Naturpark mit vier weiteren verbindet, gibt es hier unzählige gut ausgebaute und beschilderte Radwege. Die zahlreichen Seen laden nicht nur zum Wassersport und zum Kanuwandern ein, sondern werden auch von vielen Ausflugsschiffen befahren, z.B. bei der besonders beliebten 5-Seen-Fahrt. Der *Große Plöner See* ist einer der schönsten Seen der Holsteinischen Schweiz. Hier finden Erholungssuchende zahlreiche Badestellen, Angelplätze oder einfach ein ruhiges Plätzchen, um die Seele baumeln zu lassen.

Eine weitere touristisch attraktive Landschaft ist der *Naturpark Schlei* rund um den gleichnamigen Ostsee-Meeresarm. Das auch als Fjord bezeichnete Gewässer erstreckt sich über eine Länge von 42 Kilometern von der Schleimündung an der Ostsee bis nach Schleswig im Landesinneren und ist ein beliebtes Revier für Segler. Entlang der Schlei führte früher der Handelsweg der dänischen Wikinger – heute kann man deren Spuren auf dem Themenradweg *Wikinger-Friesen-Weg* folgen.

Fast schon ein Symbol Schleswig-Holsteins sind die zahlreichen Leuchttürme. An der Nord- und Ostseeküste stehen insgesamt rund 60 der steinernen Riesen, davon sind ca. 50 noch in Betrieb. Die Leuchtfeuer sind für Seefahrer eine wichtige Orientierungshilfe. Eines der bekanntesten Wahrzeichen der Nordsee ist der rot-weiß gestreifte, 41 Meter hohe *Leuchtturm auf Westerheversand*. Er wurde 1908 in Betrieb genommen und hat eine Reichweite von bis zu 50 km!

Wie der Wurm zum Wattenmeer, so gehört der *Timmendorfer Strand* zur Ostseeküste: Der berühmteste Strand Deutschlands mit seinem mehrere Kilometer langen feinsandigen Strand bietet alles, was das Urlauberherz begehrt: Hier kann man rund ums Jahr die Meeresluft genießen und je nach Gusto Ruhe und Entspannung oder Unterhaltung und Abwechslung finden. Viele Besucher schätzen vor allem die reizvolle Kombination von mondänem Flair und traumhafter Natur.

Friedrichstadt

Die Vielfalt der Städte

Obwohl Schleswig-Holstein ein ländlich geprägtes Bundesland ist und die touristische Anziehungskraft vor allem auf den beiden Meeren gründet, lohnt es sich, den Fokus auch auf die Städte zu legen. Die „Nordlichter" haben nämlich durchaus auch einen Sinn für das Urbane, wie man an dem lebhaften städtischen Treiben und den zahlreichen kulturellen Veranstaltungen unschwer erkennen kann.

An erster Stelle steht hier natürlich die Landeshauptstadt *Kiel*, eine traditionsreiche Universitätsstadt mit fast 250 000 Einwohnern. Bewohner wie auch Besucher schätzen hier vor allem die Mischung aus maritimem Flair, Kultur und Unterhaltung – ganz egal, ob man im Hafen die Kreuzfahrtschiffe bestaunt, eines der vielen Museen besucht oder sich lieber dem Shoppen und kulinarischen Erleben widmet.

Lübeck ist die zweitgrößte Stadt Schleswig-Holsteins und liegt an der Ostsee. Die mittelalterliche Altstadt, auf einer innerstädtischen Flussinsel gelegen, gehört zum UNESCO-Welterbe. Man erreicht sie durch das imposante Holstentor, das besterhaltene Stadttor Deutschlands und zugleich das Wahrzeichen der Stadt. Ein wahrer Besuchermagnet ist auch das Buddenbrookhaus: Das Haus von Thomas Manns Großeltern diente als Vorlage für seinen Roman *Buddenbrooks*. Weltweit berühmt wurde Lübeck durch das hier hergestellte Marzipan.

Die drittgrößte Stadt im hohen Norden, *Flensburg*, liegt direkt an der deutsch-dänischen Grenze. So ist der Einfluss der Nachbarn hier auch auf Schritt und Tritt spürbar: Dänisch ist hier weitverbreitet und sogar das Ortsschild ist zweisprachig. Aufgrund seiner Lage ist Flensburg seit jeher eng mit der Seefahrt verknüpft. Der Hafen war ein wichtiger Umschlagplatz für Handelsschiffe. Eine besondere Rolle spielte hierbei der aus Westindien eingeführte Rohrzucker: Er war die Basis für das Destillieren von Rum – heute für Besucher anschaulich gemacht im Rum-Museum. Auch die jährlich stattfindende Rum-Regatta ist ein Highlight. Dass die Menschen im hohen Norden gut mit Gegensätzen klarkommen, zeigt sich in Flensburg besonders deutlich daran, dass hier neben der Flensburger Verkehrssünderkartei auch das berühmte Flensburger Bier „mit dem Plop" beheimatet ist.

Friedrichstadt, das Amsterdam des Nordens, verdankt seine holländische Anmutung der Ansiedlung niederländischer Händler und Religionsflüchtlinge im 17. Jahrhundert. Davon zeugen die Grachten und die Treppengiebelhäuser der Altstadt. Das idyllische Städtchen lebt hauptsächlich vom Tourismus und dementsprechend groß ist das kulinarische und touristische Angebot.

An der Schlei gelegen, war *Schleswig* vor Urzeiten einmal das Handelszentrum der nordeuropäischen Wikinger. Nach dessen Zerstörung um das Jahr 1000 herum entwickelte sich die heutige Stadt. Aus dem Mittelalter stammt die malerische Siedlung Holm: Die winzigen Fischerhäuschen haben vorne eine *Klöndör* (Plaudertür) und hinten einen direkten Zugang zur Schlei.

In der Nähe befindet sich das Sankt Johannis-Kloster, die am besten erhaltene Klosteranlage Schleswig-Holsteins. Gleich zwei Landesmuseen beherbergt das Schloss Gottorf: die Sammlung der Kunst- und Kulturgeschichte und die Sammlung der archäologischen Geschichte Schleswig-Holsteins. Auch 2000 Jahre alte Moorleichen gibt es hier zu bestaunen.

Das rekonstruierte *Wikingerdorf Haithabu* an der Stelle des historischen Siedlungsplatzes und das *Grenzbauwerk Danewerk* sind ein UNESCO-Weltkulturerbe, das einen lebendigen Eindruck in das damalige Leben der Wikinger vermittelt. Hier wurden fast 300 Jahre lang Waren aus aller Welt gehandelt – bis Haithabu aus bis heute ungeklärten Gründen unterging.

Der berühmteste Sohn Husums, der Schriftsteller Theodor Storm, hat die Stadt an der Nordsee in einem seiner Werke

als „graue Stadt am Meer" bezeichnet. Dabei ist *Husum* alles andere als grau: Sie ist ein buntes Zentrum der Kultur und der Wirtschaft, das zahlreiche Besucher anzieht.

Besonders farbenfroh geht es während der *Husumer Krokusblüte* zu: Dann blühen im Park des Schlosses vor Husum ca. 4 Millionen lilafarbene Krokusse! Sie verwandeln den Park in ein Blütenmeer, weshalb man auch vom „Blütenwunder des Nordens" spricht.

Deutschlandweit bekannt wurde *Bad Segeberg* mit den *Karl-May-Spielen*. Seit mehr als 60 Jahren werden hier in den Sommermonaten die Abenteuer von Winnetou und seinen Freunden aufgeführt. Das Ganze findet vor der Kulisse des Kalkberges statt, der zugleich das Wahrzeichen der Stadt ist.

Arnis, auf einer Halbinsel in der Schlei gelegen, ist die kleinste Stadt Deutschlands und gilt als „Perle der Schlei". Schlendert man über die von alten Kopflinden gesäumte Lange Straße, kommt man an den ältesten Häusern von Arnis vorbei, die mit Fachwerk und teilweise noch mit sogenannten *Utluchten*, erkerartigen Vorsprüngen mit Fenster, versehen sind. Besonders sehenswert sind die schönen Türen.

Wattenmeer

Traditionen, die bewegen

Die Schleswig-Holsteiner legen großen Wert auf ihre Traditionen und halten sie bei zahlreichen Veranstaltungen und

Sportarten – die teilweise eigenartig anmuten – lebendig. So zum Beispiel beim *Boßeln*: Hierbei versuchen zwei Mannschaften, eine Kugel mit möglichst wenigen Würfen über eine festgelegte Strecke zu werfen. Austragungsort dieses Sports kann jede beliebige Straße sein. Vor allem aus Friesland ist das Boßeln nicht wegzudenken. Ursprünglich als Verteidigungsmaßnahme der Dörfer gegen Eindringlinge erdacht, ist das Boßeln inzwischen zum friesischen Nationalsport avanciert.

Auch das *Klootstock-Springen* geht auf eine alte Tradition zurück: Als es noch keine befestigten Wege gab, sprangen die Einheimischen mit Hilfe eines langen Stocks, des Klootstocks, über die Gräben der Marschlandschaft. Heute ist das Klootstock-Springen ein unterhaltsames Freizeitvergnügen, das auch als Touristenattraktion beliebt ist.

Das norddeutsche Pendant zu Halloween ist das *Rummelpottlaufen*. Bei dieser jahrhundertealten Tradition ziehen am Silvesterabend verkleidete Kinder von Haus zu Haus. Dabei singen sie überlieferte Lieder und schlagen auf ihren Rummelpott, um Süßigkeiten einzufordern und das alte Jahr lautstark zu verabschieden. Meist wird das „Instrument" selbst gebaut aus alten Blechdosen, dünnem Leder und einem Weidenstock.

Besonders spektakulär sind die Veranstaltungen, die alljährlich am 21. Februar viele Besucher an die norddeutsche Westküste locken. Diese traditionellen Feuerfeste gehen auf den heidnischen Brauch zurück, im Frühling böse Geister zu vertreiben und so die Saat zu schützen. Als Brennmaterial dienen häufig ausgediente Weihnachtsbäume, womit die praktisch veranlagten Friesen gleich zwei

Fliegen mit einer Klappe schlagen. Das *Biikebrennen* wurde vor einigen Jahren sogar in das nationale Verzeichnis des Immateriellen Kulturerbes aufgenommen.

Eine weitere Besonderheit, die sich am Jahresende noch in so manchem Haushalt im nordwestlichen Schleswig-Holstein findet, ist der *Jöölboom*, die friesische Version des Weihnachtsbaumes. Der Jöölboom war einst aus der Not geboren: Auf den fast baumlosen nordfriesischen Inseln gab es keine Tannenbäume und der Transport mit dem Schiff war zu teuer. Die Menschen wussten sich aber zu helfen, indem sie ein Holzgestell bauten und dieses mit Efeu und kleinen Figuren schmückten. Heute haben sich zwar auch im hohen Norden richtige Weihnachtsbäume durchgesetzt, aber viele halten die Tradition aufrecht, indem sie beide Versionen aufstellen.

Lange Anna, Helgoland

Von Inseln und Halligen

Die Inseln Schleswig-Holsteins sind äußerst beliebte Urlaubs- und Ausflugsziele, wobei die meisten im Wattenmeer gelegen sind. Die einzige Ostseeinsel Schleswig-Holsteins ist *Fehmarn*. Die drittgrößte Insel Deutschlands gehört mit über 2000 Sonnenstunden im Jahr zu den sonnenreichsten Orten. Kein Wunder, dass hier vor allem zur Ferienzeit großer Besucherandrang herrscht – zumal durch die Errichtung der *Fehmarnsundbrücke* die Insel schneller und einfacher erreichbar wurde.

Vor der Westküste Schleswig-Holsteins liegen die Nordfriesischen Inseln. Die größte Insel, *Sylt*, ist zugleich die nördlichste Insel Deutschlands. Aufgrund ihrer ungeschützten Lage leidet sie bei Sturmfluten immer wieder unter Landverlust. Ein 11 km langer Eisenbahndamm verbindet die Insel mit dem Festland. Sylt wurde als Insel der Reichen und Schönen bekannt, die allerdings auch hier gerne unter sich

bleiben. Wer unbedingt einen Blick auf den einen oder anderen Prominenten werfen möchte, hat in Kampen die größten Chancen – sowohl das hiesige Porsche-Aufkommen als auch die Anzahl an Sterne-Restaurants sind eindeutige Indizien.

Nordsee. Hier findet man sogar in der Hauptsaison immer ein ruhiges Plätzchen.

Weltweit einzigartig sind die Halligen im Nationalpark *Schleswig-Holsteinisches Wattenmeer*: kleine Inseln, die regelmäßig bei Hochwasser vom Meer überspült werden. Damit die Gehöfte vor Überflutung geschützt sind, liegen sie auf künstlich aufgeworfenen, vier bis fünf Meter hohen Hügeln, den Warften. Man muss schon aus einem ganz besonderen (friesischen) Holz geschnitzt sein, um dem rauen Leben auf einer Hallig gewachsen zu sein. Immerhin leben hier insgesamt ca. 200 Menschen – und es gibt sogar Schulen, in denen eine Lehrkraft zwei bis drei Kinder unterrichtet!

Deutschlands einzige Hochseeinsel, *Helgoland*, liegt ca. 60 km vor der Schleswig-Holsteinischen Küste. Seit 1720 besteht die Inseln aus zwei Teilen: Damals zerstörte eine verheerende Sturmflut eine dazwischenliegende Verbindung. Das Wahrzeichen Helgolands ist die „Lange Anna", ein markanter roter Felsen.

Die Insel *Föhr* punktet vor allem mit weißen Stränden und grünem Inselinneren. Eine Besonderheit ist hier die Sprache: Auf Föhr spricht man „Fering", ein Inseldialekt des Friesischen. Um diesen Dialekt zu erhalten, wird er sogar in der Schule und im Kindergarten unterrichtet – und ist in einem eigenen Radiosender, dem *Friisk Funk*, zu hören. Sehenswert sind die fünf historischen Windmühlen, vor allem die *Wriksumer Mühle*, die auch besichtigt werden kann.

Ob Insel oder Hallig – ein Besuch ist immer lohnenswert. Am besten an Bord eines der zahlreichen **Ausflugsschiffe**: Hier wird man mit einem herzlichen „Moin, moin" begrüßt und kann sich dann entspannt an oder unter Deck, je nach Witterung, dem Schaukeln der Wellen anvertrauen. Je nach Größe des Schiffes und Laune des Kapitäns wird auch noch ein bisschen Seemansgarn gesponnen ...

Amrum ist landschaftlich besonders vielseitig: Neben für eine Nordseeinsel recht großen Waldflächen erstrecken sich ausgedehnte Heidegebiete sowie eine weitläufige Dünenlandschaft. Der 15 km lange und 1,5 km breite *Kniepsand* ist einer der eindrucksvollsten Sandstrände der

Timmendorfer Strand

Feste und Veranstaltungen

Auch wenn man es auf den ersten Blick nicht vermuten würde – die Bewohner Schleswig-Holsteins sind Festivitäten aller Art durchaus nicht abgeneigt. Davon kann man sich am besten bei einem der zahlreichen Events überzeugen, die alljährlich das Leben im hohen Norden bereichern. An erster Stelle stehen hier natürlich die kulinarischen Ereignisse, wie z.B. am zweiten Donnerstag im Juni die *Glückstädter Matjeswochen*. Bei der traditionellen Matjesprobe wird auf dem historischen Marktplatz ein Holzfass geöffnet, das den ersten Glückstädter Matjes der Saison enthält. Ausgewählte Feinschmecker dürfen dann probieren, ob der nach traditionellem Rezept in reiner Handarbeit hergestellte Matjes den hohen Qualitätsanforderungen entspricht – was eigentlich immer der Fall ist.

Ein weiteres kulinarisches Event sind die *Husumer Krabbentage*. Hier dreht sich alles um die begehrten Nordseekrabben. An der Hafenmeile und auf dem Marktplatz gibt es neben Gaumenfreuden, Kochshows und kunsthandwerklichen Produkten auch ein musikalisches Begleitprogramm, das zahlreiche Besucher anlockt. Im Hafen liegen Krabbenkutter, die fangfrische Krabben verkaufen – ein Paradies für Liebhaber von Meeresfrüchten.

Auch in Eckernförde wird einem Meeresbewohner gehuldigt: der Sprotte. Angeblich kommt die echte *Kieler Sprotte* nämlich nicht aus Kiel, sondern aus Eckerförde. Wo sie auch herkommen mag, Hauptsache sie schmeckt und das wird bei den Sprottentagen ausgiebig gefeiert: Neben vielen Leckereien gibt es Live-Musik, sportliche Wettkämpfe und vielfältige Aktivitäten rund um die Sprotte.

Bei der *Kieler Woche* liegt der Fokus eher auf den sportlichen Veranstaltungen. Sie gilt als größtes Segelsportereignis der Welt und wird seit mehr als 130 Jahren veranstaltet. Höhepunkt ist die traditionelle Windjammerparade, bei der über 100 Großsegler und Segelschiffe am Start sind. Nebenbei ist die Kieler Woche auch noch das größte Sommerfest im Norden, bei dem neun Tage lang alles geboten wird, was sich Groß und Klein wünschen. Und auch hier kommt das Kulinarische nicht zu kurz: Auf dem Rathausplatz bietet der internationale Markt alles, was das Gourmet-Herz begehrt.

Eine Veranstaltung der etwas anderen Art, aber nicht weniger berühmt, ist das *Wacken Open Air*, eines der größten Metal-Festivals der Welt. Alljährlich am ersten Augustwochenende erwacht die Gemeinde Wacken aus ihrem Dornröschenschlaf und wird zum Mekka von Zehntausenden Metal- und Hard-Rock-Fans. Unzählige Bands hatten hier schon ihren Auftritt, darunter auch so bekannte Größen wie die Scorpions, Alice Cooper oder Status Quo.

Von Menschen und Mythen

Die Menschen

Die Bewohner des nördlichsten Bundeslandes sind nicht gerade für überschwängliche emotionale Ausbrüche bekannt. Man könnte sie hingegen eher als wortkarg und zurückhaltend bezeichnen. Viel mehr als ein gemurmeltes „Moin, moin" können Besucher beim ersten Zusammentreffen nicht erwarten. Aber hat man sich erstmal Zugang zu ihrem Gefühlsleben verschafft, dann kann man durchaus mit offenen Armen aufgenommen werden. Soweit die Theorie – die Praxis kann aber ganz anders aussehen und ist so vielfältig wie das Land selbst.

Ebenso vielseitig sind auch die Persönlichkeiten und Künstler, die in Schleswig-Holstein beheimatet sind oder waren. Das Land hat einige Nobelpreisträger hervorgebracht, wie z.B. die Schriftsteller Thomas Mann und Günter Grass oder den Politiker Willy Brandt, und Künstler, deren Werke in aller Welt bekannt sind, wie Ernst Barlach oder Emil Nolde. In Seebüll erhält man im Nolde-Museum, das in dem ehemaligen Wohn- und Atelierhaus des Malers eingerichtet wurde, einen lebendigen Einblick in sein Leben und Wirken.

Untrennbar mit dem Norden verbunden ist auch der Schriftsteller Theodor Storm, der mit seiner Novelle *Der Schimmelreiter* der Deichlandschaft an der Nordsee ein

berühmtes und dauerhaftes Denkmal gesetzt hat. Weitere bekannte und erfolgreiche „Nordlichter" sind z.B. der Schauspieler Axel Prahl, der Musiker Achim Reichel oder die Modedesignerin Jil Sander.

Die Mythen

Über das Land zwischen Nord- und Ostsee ranken sich zahlreiche Sagen und Legenden. Sie entstanden durch die gewaltige Kraft der Natur, die hier auf die Menschen einwirkt, wie beispielsweise die Sturmfluten. So bietet denn auch vor allem das Meer Stoff für Geschichten und Mythen, die bis heute in Schleswig-Holstein erhalten blieben. Eine Sage, die schon seit Jahrhunderten die Phantasien beflügelt, ist der Untergang der Stadt Rungholt. Das „Atlantis des Nordens" war ein florierender Handelsort auf der ehemaligen Insel Strand im nordfriesischen Wattenmeer, bevor die Stadt im Jahr 1362 einer schweren Sturmflut, der „groten Mandränke", zum Opfer fiel. Die Legende besagt, dass die Bewohner Rungholts sehr reich, aber auch gotteslästerlich waren und die Sturmflut die Strafe Gottes gewesen sei. Angeblich erklingen alle sieben Jahre in der Johannisnacht noch die Glocken Rungholts.

Altstadt von Lübeck

Traditionelle Küche

Die traditionelle Küche in Schleswig-Holstein ist von jeher deftig. Für die Küstenbewohner stand früher schwere Arbeit auf der Tagesordnung und um ihre Tätigkeit auf dem Meer oder auch auf dem Feld bewältigen zu können, bedurfte es einer gehaltvollen Kost. Und natürlich wurden die Mahlzeiten mit Produkten zubereitet, die auf dem heimischen Feld wuchsen bzw. aus dem Meer gefischt wurden, wie z.B. Gefüllter Kohlkopf oder Salzheringe. Regionale Küche, eine hochaktuelle Forderung unserer heutigen Überflussgesellschaft, war damals eine Selbstverständlichkeit.

Vor allem die Region Dithmarschen war und ist für ihren Kohlanbau berühmt. Sie gilt heute als das größte zusammenhängende Kohlanbaugebiet Europas. Auf dem fruchtbaren Marschland wachsen jährlich ca. 80 Millionen Kohlköpfe, vor allem Rotkohl, Weißkohl, Wirsing und Blumenkohl. *Kohl* ist das ideale Wintergemüse, da er sich gut einlagern lässt. Gründe genug für die Bevölkerung, dem Kohl mit einem eigenen Fest zu huldigen: Alljährlich Ende September feiert man hier die Dithmarscher Kohltage.

Nach getaner Arbeit gab es aber auch schon bei unseren Vorfahren das Bedürfnis nach Feierlichkeiten und dementsprechender kulinarischer Abwechslung. Für derartige Anlässe entstanden etwas aufwändigere und besondere Gerichte, die heute noch bei traditionellen Festen, wie Hochzeit oder Taufe, zubereitet werden, so z.B. Festtagsgans oder Hummercocktail. Überhaupt stehen in Schleswig-Holstein natürlich zahlreiche Gerichte mit *Fisch* oder Meeresfrüchten auf der Speisekarte: In den Fischerhäfen werden Krabben, Seezungen, Schollen und andere Meeresspezialitäten frisch vom Boot verkauft. Im Büsumer Hafen zum Beispiel liegt eine der größten deutschen Krabbenkutter-Flotten. Und nahezu jeder, der schon einmal im hohen Norden war, kennt die berühmten Krabbenbrötchen, die an den weit verbreiteten Büdchen verkauft werden.

Eine weitere Besonderheit hat sich in der regionalen Küche Schleswig-Holsteins etabliert: die beliebte Geschmackskombination *sööt-suur* (süß-sauer). Sie findet sich häufig auf den nordischen Tafeln, z.B. in dem Klassiker Bohnen, Birnen und Speck (Groten Heini), in Grünkohl mit süßen Röstkartoffeln oder in süßsauer gefüllter Schweinebrust.

Auch *Mehl- und Süßspeisen* werden im Land zwischen den Meeren gerne zubereitet und verzehrt. Wie überall war früher auch hier häufig Schmalhans Küchenmeister und die Menschen griffen in mageren Zeiten auf preiswerte Mehlspeisen wie den Meelbüdel (Mehlbeutel) oder Buchweizenpfannkuchen zurück. Im Sommer servierte man dazu die frischen Beeren, die hier so gut gedeihen oder verarbeitete diese zu der auch heute sehr beliebten Roten Grütze (Rode Grütt). Der Klassiker wird aus roten Früchten, z.B. Erdbeeren, Johannisbeeren und Kirschen, zubereitet und mit Milch serviert. Mit gekühlter Vanillesoße oder leicht geschlagener Sahne lassen sich die Schleswig-Holsteiner ihr

Beerendessert ebenso schmecken. Auch die Buttermilchsuppe galt lange als Arme-Leute-Essen, ist aber noch heute ein schnelles, erfrischendes und leichtes Sommergericht, das überall im Norden gerne gegessen wird.

Kleine Gerichte & Suppen

Büsumer Krabben-Cocktail

In Büsum, wo viele Krabben direkt vom Kutter an Gäste aus dem Binnenland verkauft werden, erzählen die Fischer gern ihre *Döntjes*. Eine dieser kleinen, lustigen Anekdoten ist z. B., die Krabben seien deshalb so teuer, weil man sie einzeln angeln müsse.

Zutaten

4 Salatblätter
400 g Nordsee-Krabbenfleisch
250 ml süße Sahne
4 EL Tomatenketchup
Saft von ½ Zitrone
1 Msp. Cayennepfeffer
1 EL Weinbrand
1 EL geriebener Meerrettich
2 unbehandelte Zitronen
2 EL gehackte Petersilie
Salz

Zubereitung

1 Die Salatblätter auf 4 Glasschalen verteilen und das abgespülte und trockengetupfte Krabbenfleisch darauf anrichten.

2 Die Sahne steif schlagen. Anschließend den Ketchup, den Zitronensaft, den Cayennepfeffer – sparsam dosieren! –, den Weinbrand, etwas Salz und den Meerrettich vorsichtig unter die geschlagene Sahne mischen und alles pikant abschmecken. Die Sahnesoße über die Krabben geben.

3 Die Zitrone heiß abwaschen, gründlich trocken reiben und in Achtel schneiden. Danach die Spalten auf den Glasrand platzieren. Mit Petersilie bestreuen und als Beilage Buttertoast oder Baguette servieren.

Fruchtiger wird der Krabben-Cocktail, wenn zusätzlich das in Stücke geschnittene Fruchtfleisch einer Grapefruit unter das Krabbenfleisch gemischt und dann mit der Sahnesoße übergossen wird.

Helgoländer Hummer-Cocktail

Hummer ist der König unter den Schalentieren. Diese teure
Delikatesse veredelt jede Tafel und wird im Norden zu besonderen
Gelegenheiten gerne aufgetischt.

Zutaten

300 g Hummerfleisch
1 kleine Sellerieknolle
150 g gedünstete, kleine Champignonköpfe
300 g Salat-Mayonnaise
Salz
weißer Pfeffer

Zum Anrichten:
4 Pampelmusen- oder Grapefruitschalen
4 Salatblätter
1 EL Tomatenketchup

Zubereitung

1 Das Hummerfleisch vorsichtig zerkleinern. Die Sellerieknolle schälen, ganz klein würfeln und mit dem Hummerfleisch
und den Champignons vermischen. Mit der Mayonnaise verrühren und mit Salz und Pfeffer feinwürzig abschmecken.

2 Die Pampelmusenschalen mit je einem Salatblatt auslegen,
den Hummer-Cocktail hineinfüllen und mit einem Klecks
Tomatenketchup garniert servieren. Als Beilage geröstetes
Weißbrot reichen.

*Früher wurden vor Helgoland
tatsächlich noch viele Hummer gefangen und sogar ex-
portiert. Das ist heute vorbei,
da die Hummerpopulation
zurückgegangen ist. Heute
kommen fast alle auf der Insel
angebotenen Hummer aus
Kanada, was dem Genuss aber
keinen Abbruch tut. An die
Zeit des Hummerfangs erinnern immer noch die bunten
Hummerhäuschen.*

*Das Fruchtfleisch der Pampelmusen kann gut
zerkleinert und abgetropft unter den Cocktail
gemischt werden. Variante: Anstelle von Sellerie
und Champignons passen auch frisch gekochte
Spargelköpfe dazu.*

Miesmuschel-Spießchen

Überwiegend an der Nordseeküste, seltener in der Ostsee, werden die Muscheln in großen Kulturen aufgezogen und im Herbst geerntet.

Zutaten für 6–8 Personen

je nach Größe 24–32 frische Miesmuscheln
2 Bund Suppengrün
1 l trockener Weißwein
2 mittelgroße Zwiebeln
1 großes Lorbeerblatt
24–32 kleine Scheiben Räucherspeck
40 g Butter
200 g Paniermehl
2 EL Zitronensaft
Salz
weißer Pfeffer

Eine weitere geschmackliche Variante kann durch die Zugabe von zwei gehackten Knoblauchzehen in den Kochsud erreicht werden. Dann sollte kein Lorbeerblatt verwendet werden.

Zubereitung

1 Die Miesmuscheln gründlich waschen, putzen und den Bart entfernen. Das Suppengrün putzen, waschen und klein schneiden. Die Muscheln mit dem Suppengrün und dem Wein in einem hohen Topf kalt aufsetzen. Die Zwiebeln abziehen und grob hacken. Mit Salz, Pfeffer und dem Lorbeerblatt zu den Muscheln geben und mit aufkochen. Danach ca. 15 Minuten bei geringer Hitze ziehen lassen.

2 Wenn sie gar sind, die Muscheln aus der Schale lösen. Muscheln, die sich beim Kochen nicht geöffnet haben, müssen weggeworfen werden!

3 Das Muschelfleisch abwechselnd mit den Speckscheiben auf hölzerne Spieße stecken. Die Butter in einer Pfanne erhitzen und die Spieße darin rundherum kurz anbraten. Im Paniermehl wenden und im Backofen in einer feuerfesten Form bei starker Oberhitze ca. 4 Minuten überbacken. Mit Salz, Pfeffer und Zitronensaft abschmecken und sofort servieren. Als Beilage passt Weißbrot mit frischer Butter.

Achten Sie beim Kauf darauf, dass die Muscheln noch komplett geschlossen sind. Bereits geöffnete können verdorben sein und leicht zu Vergiftungen führen. Nach dem Kochen ist es genau umgekehrt: Alle Muscheln sollten sich geöffnet haben, die geschlossenen sollten nicht verzehrt werden.

Flensburger Aal

Im ganzen Land findet man Aal auf den Speisekarten oder frisch geräuchert zum Mitnehmen. Meist unterscheiden sie sich durch die Zusammensetzung der glimmenden Holzspäne, über deren Rauch sie so herrlich goldgelb werden.

Zutaten

500 g geräucherter Aal
8 Eier
6 EL süße Sahne
2 EL Butter
2 EL Schnittlauchröllchen
4 Zitronenscheiben
Salz
schwarzer Pfeffer

Zubereitung

1 Den Aal enthäuten und entgräten. Das Fleisch in Stücke schneiden.

2 Die Eier in einer Schüssel mit der Sahne verquirlen und mit Salz und Pfeffer würzen. Die Butter in einer Pfanne erhitzen und das Eiergemisch darin bei geringer Hitze unter leichtem Rühren stocken lassen.

3 Das Rührei auf Tellern anrichten, die Aalstücke darauf verteilen und mit dem Schnittlauch bestreuen. Mit den Zitronenscheiben garniert servieren. Als Beilage passt frisches Vollkornbrot mit Butter.

In Flensburg werden zum Räuchern von Aal häufig Buchenspäne verwendet. Fast jede Räucherei hat ein eigenes, gut gehütetes Geheimrezept für den „ganz besonderen Rauch".

Erbsen, Snuten un Poten

Zutaten

200 g ungeschälte gelbe Erbsen
500 g Snuten (Schweinsrüssel)
  und Poten (Schweinsfüße)
1 Bund Suppengrün
1 Zwiebel
1 EL Schmalz
1 Lorbeerblatt
500 g Kartoffeln
½ TL getrockneter Majoran
Salz
schwarzer Pfeffer

Nochmals aufgewärmt schmeckt dieses Gericht besonders gut.

Zubereitung

1 Die Erbsen über Nacht in einem Topf mit Wasser einweichen. Dann mit Wasser auf 1 Liter auffüllen, die Snuten und Poten dazugeben und aufkochen. Währenddessen mehrfach mit einer Schaumkelle abschäumen.

2 Das Suppengrün putzen, die Zwiebel abziehen und alles klein schneiden. Das Schmalz in einer Pfanne erhitzen und das Gemüse darin andünsten. Danach mit dem Lorbeerblatt in den Topf geben. Bei mittlerer Hitze ca. 1 Stunde köcheln lassen. Während der letzten 25 Minuten die geschälten und in kleine Würfel geschnittenen Kartoffeln mitkochen lassen.

3 Wenn sie gar sind, die Snuten und Poten und das Lorbeerblatt herausnehmen, das Fleisch von den Knochen lösen, in mundgerechte Stücke teilen und diese wieder in den Topf geben. Den Eintopf mit Majoran, Salz und Pfeffer pikant abschmecken.

Holsteiner Plockfinken

Zutaten

je 250 g Rind-, Schweine- und Pökelfleisch
3 Zwiebeln
400 g Möhren
1 TL Zucker
1 EL Obstessig
4 säuerliche Äpfel
1 EL Mehl
1 EL Schmalz
2 EL gehackte Petersilie
Salz
schwarzer Pfeffer

Zubereitung

1 Das Fleisch in mundgerechte Stücke schneiden. Die Zwiebeln abziehen und die Möhren putzen, beides in grobe Würfel schneiden. Alles zusammen in reichlich Wasser gar kochen. Mit Salz, Pfeffer, Zucker und dem Essig abschmecken.

2 Ca. ½ Stunde vor Ende der Garzeit die geschälten, entkernten und in Stücke geschnittenen Äpfel dazugeben und alles gut durchmischen.

3 Vor dem Servieren das Mehl in dem Schmalz in einer Pfanne hell anschwitzen, mit etwas Kochwasser verrühren und den Eintopf damit binden. Nochmals süß-sauer abschmecken und mit der Petersilie bestreut servieren. Als Beilage passen Salzkartoffeln oder kleine Pellkartoffeln dazu.

Erbsen, Snuten un Poten

Holsteiner Plockfinken

Kieler Sprotten

Neben Holsteiner Schinken haben es von den friesischen Spezialitäten nur noch die Kieler Sprotten geschafft, weltbekannt zu werden. Früher hielt man die Sprotten übrigens für zu klein geratene Heringe.

Zutaten

8 Eier
8 Sprotten
Salz
Pfeffer

Zubereitung

1 Aus den 8 Eiern ein Rührei zubereiten und dieses mit Salz und Pfeffer abschmecken.

2 Die Sprotten auf einen Teller legen, das Rührei dazugeben und alles mit Salatblättern garnieren. Dazu Korn und Bier reichen.

Nicht nur auf dem Bauernhof, sondern auch in vielen privaten Gärten hielt man früher Hühner – und hatte immer frische Eier zur Hand.

Die Sprotten werden direkt in Kiel eingesalzen, geräuchert und typischerweise in flachen Holzkisten weltweit verschickt. Für die Herstellung werden Sprotten mit einer Länge von etwa 10 cm verwendet. Heutzutage achtet man darauf, die heringsartigen Seefische in ökonomisch nicht relevanten Mengen zu fangen, um deren Bestand nicht zu gefährden.

Lammtopf mit grünen Bohnen

Wenn die Bohnen in den Bauerngärten erntereif sind, haben die Lämmer auch gerade die richtige Schlachtgröße. Aus dem delikaten Fleisch, kombiniert mit dem Geschmack der frischen Bohnen, entsteht dieser herzhafte Eintopf.

Zutaten

600 g Lammfleisch vom Nacken
2 große Zwiebeln
1 kg grüne Bohnen
1 Zweig Bohnenkraut
750 g Kartoffeln
2 EL gehackte Petersilie
Salz
schwarzer Pfeffer

Zubereitung

1 Das Fleisch in mundgerechte Würfel schneiden. Die Zwiebeln abziehen und in grobe Würfel schneiden. Fleisch und Zwiebeln in reichlich Wasser aufkochen und ca. 30 Minuten gut durchkochen lassen. Dann die geputzten und gebrochenen grünen Bohnen zum Fleisch geben. Das Bohnenkraut auf die Brühe legen. Nach weiteren 25 Minuten die geschälten und in nicht zu kleine Würfel geschnittenen Kartoffeln dazugeben.

2 Weiterkochen lassen, bis die Kartoffeln gut gar sind und dem Lammtopf etwas Bindung geben. Danach das Bohnenkraut entfernen. Den Eintopf mit Salz und Pfeffer abschmecken und mit der Petersilie bestreut servieren.

In den Elbmarschen, in Dithmarschen und in Nordfriesland grasen unzählige Schafe an den grünen Deichen. Sie sind wichtig für die Deichpflege, indem sie dafür sorgen, dass das Gras gleichmäßig abgefressen wird.

Zu dem Lammtopf können auch andere Fleischteile, die nicht zu fett sein sollten, verwendet werden.

Helgoländer Fischtopf

Landwirtschaft war auf der „roten Insel" mitten in der Nordsee
kaum möglich. Der Fischfang bildete die Nahrungsgrundlage.
Fisch gab es daher in allen Variationen, auch als delikaten Eintopf.

Zutaten

750 g küchenfertiger See-Aal
100 g magerer Räucherspeck
20 g Butter
500 g feine, ausgepalte Erbsen
1 EL Tomatenmark
3 EL Fischfond
3 EL saure Sahne
1 EL Speisestärke
½ TL Paprika edelsüß
1 EL gehackte Petersilie
Salz
schwarzer Pfeffer

Zubereitung

1 Den Aal in ca. 3 cm lange Streifen schneiden. Den Speck in
feine Würfel schneiden und in einem Topf auslassen, dann
die Butter dazugeben und die Aalstücke, mit etwas Salz und
Pfeffer bestreut, darin rundherum anbraten.

2 Die Erbsen waschen, das Tomatenmark mit dem Fischfond
verrühren und alles zum Fisch geben. Ca. 4 Minuten bei
geringer Hitze köcheln lassen, dann die Sahne einrühren und
den Suppenfond mit der Speisestärke binden. Mit Salz, Pfeffer
und Paprika pikant abschmecken. Mit der gehackten Petersilie
bestreut servieren. Als Beilage passen Petersilienkartoffeln.

*Eine Helgoländer Beson-
derheit, wenn auch nur für
kurze Zeit, war das „Kame-
run-Fleask": Büffelfleisch,
per Schiff nach Helgoland
verfrachtet, um die karge
Kost aufzubessern. Es wurde mit Kartoffeln gekocht,
zerstampft und als Brei
gegessen.*

*Anstelle von See-Aal kann auch anderer
Seefisch verwendet werden. Noch einfacher
ist es mit Fischfilet.*

Frische Suppe nordfriesische Art

In allen Teilen des Landes „zwischen den Meeren" gibt es unterschiedliche Rezepte für diese delikate Suppe. Früher hatte fast jede Hausfrau ihre ganz spezielle Zubereitungsart, die sich meist nach den Erträgen der Bauerngärten richtete.

Zutaten für 4–6 Personen

2 Bund Suppengrün
750 g Suppenfleisch
einige Markknochen
je 250 g grüne Bohnen,
   Kohlrabi und Möhren
Salz
schwarzer Pfeffer

Für die Klößchen:
1 EL Butter
ca. 200 g Mehl
1 Ei
1 Eigelb
geriebene Muskatnuss
Salz

Zubereitung

1 Das Suppengrün putzen, waschen und klein schneiden. Das Fleisch und die Knochen in ca. 1 ½ Liter kaltem Wasser zusammen mit dem Suppengrün aufsetzen und ca. 1 ½ Stunden bei mittlerer Hitze kochen. Den entstehenden Schaum ab und zu mit einer Schaumkelle abschöpfen.

2 Das Fleisch herausnehmen, die Brühe durch ein Sieb in einen Topf passieren und salzen und pfeffern. Danach auf ca. 1 Liter einkochen lassen.

3 Die Bohnen, Möhren und den Kohlrabi waschen, putzen bzw. schälen und klein schneiden. In die Brühe geben und darin bei geringer Hitze gar ziehen lassen.

4 Für die Suppenklößchen 250 ml Wasser mit etwas Salz und der Butter aufkochen. Das Mehl einrühren, bis sich ein Kloß gebildet hat. Vom Herd nehmen und abkühlen lassen. Danach das ganze Ei und das Eigelb in den Teig rühren. Mit etwas Muskatnuss abschmecken.

5. Mit 2 Teelöffeln kleine Klößchen formen und diese in die Suppe geben. Ca. 5 Minuten gar ziehen lassen. Die heiße Suppe mit Roggenbrot servieren.

Je nachdem, welches Gemüse im Garten gerade Saison hat, wird die Suppe variiert. Als Gemüseeinlage ist auch Blumenkohl sehr gut geeignet.

Fischsuppe Sylt

Das Leben auf der Insel war früher hart und eintönig. Fleisch war teuer, deshalb musste Fisch als Ersatz die Grundlage vieler Speisen sein. So entstanden im Laufe der Zeit zahlreiche Rezepte, die wir heute als besonders schmackhaft ansehen.

Zutaten

250 g Heilbuttfilet
250 g Rotbarschfilet
Saft von ½ Zitrone
1 ¼ l Fleischbrühe, Fischbrühe oder -fond
4 Zwiebeln
1 Lorbeerblatt
2 Petersilienwurzeln
3 Gewürzgurken
½ Sellerieknolle
6 kleine Tomaten
125 ml Weißwein
1 TL geriebener Meerrettich
2 EL gehackter Dill
Salz

Zubereitung

1 Die Fischfilets mit dem Zitronensaft beträufeln und ca. 5 Minuten ziehen lassen. Die Brühe in einem großen Topf erhitzen. Etwas Salz, die abgezogenen, in Scheiben geschnittenen Zwiebeln und das Lorbeerblatt dazugeben. Aufkochen und den Fisch hineingeben. Bei geringer Hitze ca. 10 Minuten ziehen lassen, dann die Filets herausnehmen und warm stellen.

2 Die Petersilienwurzeln schälen und reiben, die Gewürzgurken in Scheiben schneiden. Den Sellerie schälen und in dünne Streifen schneiden. Die Tomaten mit kochendem Wasser überbrühen, häuten und halbieren. Alles in die Suppe geben. Ca. 5 Minuten ziehen, aber nicht kochen lassen. Dann den Weißwein angießen und den geriebenen Meerrettich einrühren.

3 Die Fischfilets vorsichtig zerpflücken und in die Suppe geben. Nochmals kurz erhitzen. Mit dem Dill bestreuen und servieren.

Für die Suppe können auch andere Fischarten verwendet werden. Durch die Zugabe von ca. 100 g Nordsee-Krabbenfleisch wird die Suppe noch feiner.

Angelner Schnüsch

Milch gab das Vieh, Gemüse hatte man im Garten, Kartoffeln sowieso. Als Beilage diente ein Stück vom restlichen Schinken oder ein Hering. Was einst als „Spargericht" gedacht war, ist auch heute noch eine sättigende Mahlzeit – und zudem sehr lecker!

Zutaten

200 g Erbsen
250 g Möhren
1 Msp. Zucker
250 g Brechbohnen
250 g Kartoffeln
500 ml Milch
3 EL gehackte Petersilie
60 g Butter
weißer Pfeffer
Salz

Zubereitung

1 Die Erbsen palen, die Möhren putzen, schälen und in Scheiben schneiden. Beide Gemüse zusammen in wenig Wasser mit etwas Salz und Zucker garen.

2 Die Brechbohnen putzen und waschen, dann mit Salz in wenig Wasser garen. Die Kartoffeln in der Schale kochen, etwas abkühlen lassen, dann abpellen und in Scheiben schneiden.

3 Die Milch mit der Petersilie und der Butter aufkochen, das Gemüse und die Kartoffelscheiben mit jeweils ca. 2 Esslöffel Kochbrühe hineingeben und mit Salz, Pfeffer und Zucker süß-pikant abschmecken. Dazu passt Katenschinken in Scheiben.

Kerbelsuppe

Die Kerbelsuppe, manchmal auch Eckernförder Kerbelsuppe genannt, gibt es in zahlreichen Variationen, da Kerbel früher in fast allen Bauerngärten wuchs.

Zutaten

1 l Fleischbrühe
1 EL Mehl
125 ml kalte Milch
125 ml süße Sahne
2 Eigelb
6 EL gehackter Kerbel
Salz
weißer Pfeffer

Zubereitung

1 Die Brühe aufkochen, das Mehl in der Milch verquirlen und langsam in die Brühe rühren. Bei geringer Hitze ca. 10 Minuten ziehen lassen, dann den Herd ausschalten.

2 Die Sahne mit den Eigelben verquirlen und ebenfalls in die Brühe rühren.

3 Danach 5 Esslöffel Kerbel in die Suppe rühren und mit Pfeffer und Salz würzen. Mit dem restlichen Kerbel bestreuen und heiß servieren.

Angelner Schnüsch

Kerbelsuppe

Granat mit Ei

Nur mit den echten Nordseegarnelen wird dieses Gericht zum Büsumer Original.

Zutaten

4 Eier
3 EL Milch
125 g Granat
1 Prise Salz

Mit ein wenig frisch gehacktem Dill im Rührei bekommt dieses Gericht einen gewissen Pfiff!

Zubereitung

1 Die Eier mit der Milch und dem Salz verquirlen und ausbacken.

2 Das Rührei neben dem Granat auf einem Teller servieren. und dazu ofenfrisches Schwarzbrot mit Butter reichen.

Vielfach wird Granat mit „Krabbe" übersetzt, aber das ist falsch, denn eigentlich ist damit die Garnele gemeint – der kleine, zierliche Meereskrebs mit dem langen, wohlschmeckenden Schwanz. Nach dem Fang werden sie noch an Bord der Krabbenkutter in Salzwasser gekocht, da sonst das eiweißreiche Fleisch verderben würde. Für dieses Gericht sind allerdings die „normalen", sprich kurzschwänzigen, Krabben genauso geeignet.

Schleswiger Groten Heini

Birnen, Bohnen und Speck enthält der Eintopf mit der im Norden bevorzugten leicht süß-sauren Geschmacksnote. In früheren Zeiten war er eine willkommene Abwechslung zu den ansonsten eher eintönigen Alltagsgerichten.

Zutaten für 4–6 Personen

500 g junge, kleine Kartoffeln
500 g Brechbohnen
500 g durchwachsener Räucherspeck
500 g kleine Kochbirnen
2 EL gehackte Petersilie
Salz
schwarzer Pfeffer

Zubereitung

1 Die ganzen Kartoffeln in Salzwasser garen, etwas abkühlen lassen, dann pellen.

2 Die Brechbohnen putzen, waschen, mit dem in Scheiben geschnittenen Räucherspeck in wenig Salzwasser aufkochen und ca. 10 Minuten garen. Dann herausnehmen und warmstellen.

3 Die Birnen schälen, halbieren und entkernen, dann in den Kochsud geben und garziehen lassen. Den Kochfond mit Salz und Pfeffer abschmecken.

4 Die Bohnen in die Mitte einer großen, flachen und vorgewärmten Schüssel legen. Die Kartoffeln drum herum setzen und die Speckscheiben und Birnen darüber anrichten. Mit der Brühe übergießen und mit der Petersilie bestreut servieren.

Früher ließ manch eine vorausschauende Bäuerin extra spät reifende Birnensorten anpflanzen, um die eingelagerten Früchte auch im Winter für den „Groten Heini" parat zu haben.

Probsteier Bohnensuppe

Noch heute werden in der traditionsreichen Probstei Bohnen samt
Kraut unter schützenden Vordächern zum Trocknen aufgehängt.
Aus ihnen wird diese Bohnensuppe zubereitet.

Zutaten

500 g weiße Bohnen
250 g Schinkenspeck am Stück
1 Bund Suppengrün
300 g kleine Kartoffeln
1 Zwiebel
250 g Brechbohnen
1 EL Butter
1 EL Mehl
2 EL gehackte Petersilie
1 EL gehacktes Bohnenkraut
Salz
schwarzer Pfeffer

Zubereitung

1 Die weißen Bohnen ca. 12 Stunden in Wasser einweichen. Vor
dem Kochen abspülen und mit dem Schinkenspeck mit Wasser
bedeckt bei mittlerer Hitze in ca. 20 Minuten gar kochen.

2 Das Suppengrün putzen, waschen und klein schneiden. Die
Kartoffeln schälen und in Würfel schneiden. Die Zwiebel abziehen und klein hacken. Die Brechbohnen waschen und putzen.
Das Gemüse und die Zwiebel zu den Bohnen geben und gar
kochen.

3 Aus der Butter und dem Mehl eine dunkle Mehlschwitze
herstellen und die Suppe damit andicken. Den Schinkenspeck
herausnehmen und in Scheiben schneiden, danach wieder in
die Suppe geben. Mit Salz und Pfeffer abschmecken und mit
der Petersilie und dem Bohnenkraut bestreut servieren.

*Die Probstei, eine Region
im östlichen Teil Schleswig-
Holsteins, wird auch heute
noch von der bäuerlichen
Landwirtschaft bestimmt.
Ein weiterer wichtiger
Wirtschaftsfaktor ist der
Tourismus.*

Lübecker Krebssuppe

In der wohlhabenden Hansestadt gehörte die Krebssuppe seit jeher zu den absoluten Favoriten der Küche. Jede Hausfrau hatte ihr ganz spezielles Rezept, zu dem häufig auch ein Gläschen „Rotspon" getrunken wurde.

Zutaten

½ Bund Dill
12 lebende Suppenkrebse
40 g Butter
30 g Mehl
1 TL Fleischextrakt
Zucker
Saft von ½ Zitrone
½ TL Worcestersauce
4 EL geschlagene ungesüßte Sahne
Salz
weißer Pfeffer

Krebse sind nicht immer und überall erhältlich. Stattdessen kann man auch konserviertes Krebsfleisch aus der Dose nehmen. Dann sollte man noch ca. 250 ml Fischfond in die Suppe geben.

Zubereitung

1 Etwa 3 Liter Salzwasser aufkochen und den Dill dazugeben. Die gereinigten Krebse in das kochende Wasser geben und zugedeckt ca. 15 Minuten kochen lassen.

2 Danach die Krebse herausnehmen und abkühlen lassen. Die Scheren und Schwänze aufschneiden. Das Fleisch herauslösen und den Darm entfernen. Die Fleischstücke zerteilen und beiseitestellen.

3 Die Krebsschalen abspülen, abtrocknen und in einem Mörser fein zerstoßen. Die Butter in einem Topf erhitzen und die zerstoßenen Krebsschalen darin anrösten. Das Mehl dazugeben und unter Rühren ca. 1 Minute rösten lassen. Mit 1 Liter der Krebsbrühe auffüllen und ca. 5 Minuten kochen lassen.

4 Die Brühe durch ein Sieb passieren, den Fleischextrakt einrühren und kurz aufkochen lassen. Mit Salz, Pfeffer, etwas Zucker, dem Zitronensaft und der Worcestersauce abschmecken.

5 Das Krebsfleisch in die Suppe geben. In Suppentassen füllen und je 1 Esslöffel Sahne darauf geben.

Für die höheren Töchter der reichen Hansestadt Lübeck war das Erlernen der Zubereitung von Schalentieren ein absolutes Muss. An diese Zeiten erinnern heute noch die eindrucksvollen Bürgerhäuser, wie z. B. das Buddenbrookhaus.

Probsteier Fett und Klümp

Für diese Mahlzeit gibt es ein festes Ritual: Die große Schüssel wird in die Mitte des Tisches gestellt. Das Fleisch, die Klöße und die Gemüsestücke werden auf jeden Teller gegeben, die Pellkartoffeln verteilt, und über das Ganze wird etwas von der Brühe als Soße gegossen.

Zutaten

1,5 kg Schweineschulter
1 Schweinebacke mit Ohr
1 Steckrübe
500 g Möhren
2 Petersilienwurzeln
Salz
schwarzer Pfeffer

Für die Mehlklöße:
250 g Mehl
100 g Schmalz
Salz

Zubereitung

1 Das Schulterstück und die Schweinebacke knapp mit Wasser bedeckt in einem großen Topf in ca. 2 Stunden gar kochen.

2 Die Steckrübe schälen und in grobe Stücke schneiden. Die Möhren und die Petersilienwurzeln waschen, putzen und grob zerkleinern.

3 Etwa 20 Minuten vor Ende der Garzeit die Steckrübe, die Möhren und die Petersilienwurzeln dazugeben. Wenn alles gar ist, mit Salz und Pfeffer abschmecken. Das Fleisch herausnehmen und in mundgerechte Würfel schneiden.

Für die Mehlklöße:

1 Das Mehl in eine Schüssel sieben und mit etwas Salz und 250 ml kochendem Wasser zu einem sehr festen Teig rühren. Klöße daraus formen, in der Brühe aufkochen und bei geringer Hitze ca. 20 Minuten gar ziehen lassen.

2 Danach die Klöße in eine große Schüssel legen, die Suppe darüber gießen und das in einer Pfanne angebräunte Schmalz darauf geben. Die Suppe wie eine Soße verwenden. Als Beilage werden zusätzlich Pellkartoffeln serviert.

Die Steckrübe ist ein typisches Wintergemüse. Durch ihren hohen Wassergehalt ist sie sehr kalorienarm – ein guter Ausgleich zu der in diesem Gericht verwendeten Schweineschulter.

Fliederbeerensuppe Kieler Art

Neben den beliebten Weinsuppen gab es schon immer Obst-
suppen. Fliederbeeren, auch Holler- oder Holunderbeeren
genannt, wachsen häufig wild an Weiden- und Wegrändern
und brauchen nur gepflückt zu werden.

Zutaten

1 kg abgestreifte Fliederbeeren (Holunderbeeren)
4 EL Zucker
3 säuerliche Äpfel
250 g entsteinte Pflaumen

Für die Klößchen:
125 ml Milch
1 EL Butter
60 g Mehl
1 Ei
Salz

Zubereitung

1 Die Fliederbeeren mit 125 ml Wasser langsam zum Kochen
bringen. Den Zucker einrühren und ca. 10 Minuten kochen, dann
durch ein Sieb in einen zweiten Topf passieren, die Früchte im
Sieb mit einem Löffel gut ausdrücken.

2 Den Saft erhitzen. Die Äpfel schälen und in dünne Spalten
schneiden, dann in den Saft geben und weich ziehen lassen.
Die Pflaumen einige Minuten nach den Apfelstücken in die
Suppe geben und ebenfalls gar ziehen lassen. Die Suppe
abschmecken und, wenn gewünscht, etwas nachzuckern.

3 Für die Klöße die Milch mit der Butter und etwas Salz aufkochen, das Mehl hineinrühren, bis sich ein Kloß bildet, etwas
abkühlen lassen und danach das Ei einrühren. Von dem Teig
mit zwei Teelöffeln kleine Klößchen abstechen und in der
Fliederbeerensuppe gar ziehen lassen.

*Holunderbeeren haben im
September Saison. Es ist
zwar etwas aufwändig,
die reifen Beeren von den
Dolden zu streifen, aber
der Genuss entschädigt
für die Mühe. Außerdem
sind Holunderbeeren sehr
gesund: Sie enthalten
reichlich Vitamine!*

Hauptgerichte mit Fisch

Gebratene Kutterschollen

Fangfrische, in Speck gebratene Schollen sind ein besonderer Genuss. Das feine weiße und delikate Fleisch sollte nicht zu lange gebraten werden, damit es nicht austrocknet.

Zutaten

4 Schollen
2 EL Zitronensaft
100 g Mehl
150 g durchwachsener Räucherspeck
60 g Butterschmalz
20 g Butter
2 Zitronen
Salz

Zubereitung

1 Die küchenfertig zubereiteten Schollen innen und außen mit Zitronensaft einreiben und mit etwas Salz bestreuen. Ca. 20 Minuten ziehen lassen. Danach im Mehl wenden.

2 Den Speck in Würfel schneiden und in einer Pfanne in dem Butterschmalz glasig dünsten, dann herausnehmen und warm stellen.

3 Die Schollen in dem Speckfett je Seite 4 Minuten braten.

4 In einer zweiten Pfanne die Butter mit dem ausgelassenen Speck anbraten und beim Anrichten über die Schollen gießen. Mit Zitronenvierteln garniert servieren. Als Beilage passen kleine Pellkartoffeln, Salzkartoffeln oder Kartoffelsalat.

In Büsum werden zusätzliche Nordsee-Krabben in dem Speckfett kurz angedünstet und über die Schollen gegeben.

Entlang der gesamten Nordseeküste werden Schollen von den Fischern angelandet. Sie werden mit Schleppnetzen gefangen, deren Maschenweite mindestens 10 cm beträgt, damit kleine Fische wieder entweichen können.

Aal grün auf nordfriesische Art

Der „gröne Aal" gehört in Schleswig-Holstein einfach dazu, er ist aus der Palette der Landesgerichte nicht wegzudenken. Früher war man der Ansicht, dass er Glück bringe. Deshalb war er auch als Hochzeitsessen beliebt und begehrt.

Zutaten

1 kg grüner Aal
3 EL Zitronensaft
5 weiße Pfefferkörner
2 Lorbeerblätter
125 ml Weinessig
1 Bund Suppengrün
1 große Zwiebel
125 ml trockener Weißwein
3 EL gehackter Dill
30 g Butter
30 g Mehl
1 Eigelb
120 g saure Sahne
3 EL gehackte Petersilie
Zucker
weißer Pfeffer
Salz

Zubereitung

1 Den küchenfertigen Aal häuten, mit dem Zitronensaft beträufeln und ca. 20 Minuten ziehen lassen.

2 In der Zwischenzeit 500 ml Wasser mit 1 Teelöffel Salz, den Pfefferkörnern, den Lorbeerblättern, dem Essig, dem geputzten, grob zerkleinerten Suppengrün und der abgezogenen, geviertelten Zwiebel aufkochen. Den Aal, den Wein und den Dill dazugeben und bei geringer Hitze ca. 20 Minuten köcheln lassen. Danach den Aal herausnehmen, in nicht zu große Portionsstücke schneiden und warm stellen. Den Sud durch ein feines Sieb in einen Topf passieren.

3 Aus der Butter, dem Mehl und dem Fischsud eine Mehlschwitze herstellen: Dafür die Butter in einem Topf erhitzen, das Mehl einrühren und unter ständigem Rühren den Fischsud dazugeben, bis die Soße eindickt. Die Soße mit dem Eigelb und der sauren Sahne verrühren und mit Salz, Pfeffer und Zucker abschmecken. Die Petersilie unterrühren und die Aalstücke dazugeben. Als Beilage werden Pell- oder Petersilienkartoffeln und Gurkensalat serviert.

Einen erfrischenden Gurkensalat können Sie ganz einfach herstellen: Hobeln Sie eine Salatgurke auf einem Gurkenhobel in dünne Scheiben. Vermischen Sie 2 Esslöffel Pflanzenöl und 1 Esslöffel Zitronensaft mit etwas Salz, Pfeffer und gehacktem Dill und lassen Sie alles ca. 20 Minuten durchziehen.

Seezungenfilets Büsumer Art

Die Seezunge ist ein kostbarer Speisefisch, eine Plattfisch-Art, die noch zarter und feiner ist als die Scholle. Da sie von Feinschmeckern geschätzt und begehrt wird, ist sie entsprechend teuer.

Zutaten

1 Zwiebel
4 Seezungenfilets (à ca. 150 g)
80 g Butter
4 EL trockener Weißwein
80 g Mehl
500 ml Fischfond
250 ml Milch
100 g Krabbenfleisch
2 cl Weinbrand

Zubereitung

1 Die Zwiebel abziehen und kleinschneiden. Die Seezungen-filets, 20 g Butter, den Wein und die Zwiebel in einen Topf geben und bei geringer Hitze in ca. 8 Minuten gar ziehen lassen.

2 Für die Soße die restliche Butter zerlassen, das Mehl ein-rühren und goldgelb andünsten. Den Fischfond und die Milch einrühren und ca. 10 Minuten köcheln lassen.

3 Das Krabbenfleisch in einer Pfanne erhitzen, mit dem Weinbrand übergießen und anzünden. Kurz abbrennen lassen, dann die Flamme mit einem Deckel löschen. Die Filets mit den Krabben bedecken, die Soße darüber geben und sofort servieren. Als Beilage passt Tomatenreis.

Im Büsumer Hafen werden nicht nur Krabben und Schollen, sondern auch die delikaten Seezungen fang-frisch gefrostet oder direkt ab Kutter verkauft. Durch Überfischung ist der Be-stand leider zurückgegan-gen, die Fänge sind nicht mehr so groß wie einst.

Tönninger Aal in Gelee

Aal in allen Variationen erfreut sich großer Beliebtheit. Für dieses Rezept benötigt man grünen Aal — das ist frischer Aal, der weder geräuchert noch anderweitig vorbehandelt wurde.

Zutaten

1 Ei
1 Zwiebel
2 Möhren
125 ml trockener Weißwein
10 Pimentkörner
1 kg grüner Aal
1 Eiweiß
12 Blatt Gelatine
1 TL Salz
10 weiße Pfefferkörner

Zubereitung

1 Das Ei in 8–10 Minuten hart kochen, schälen und abkühlen lassen.

2 Die Zwiebel abziehen und die Möhren putzen und waschen. Den Essig mit dem Wein und 750 ml Wasser vermischen, mit der ganzen Zwiebel, den Piment- und Pfefferkörnern, dem Salz und den unzerkleinerten Möhren aufkochen und ca. 5 Minuten ziehen lassen.

3 Den küchenfertigen Aal enthäuten, in ca. 5 cm lange Stücke schneiden und in den Sud geben. Bei geringer Hitze ca. 15 Minuten gar ziehen lassen. Die Aalstücke in dem Sud erkalten lassen, dann herausnehmen und in eine längliche Terrine legen.

4 Die Brühe durch ein Sieb in einen Topf passieren und mit dem leicht geschlagenen Eiweiß unter Rühren aufkochen. Erneut durch ein Sieb in einen Topf passieren.

5 Die Möhren und das hartgekochte Ei in Scheiben schneiden und auf die Aalstücke in der Form legen.

6 Die Gelatine kalt einweichen und in der heißen Brühe lösen – pro Liter Flüssigkeit ca. 12 Blatt Gelatine –, dann leicht abkühlen lassen und über die Aalstücke gießen. Kühl stellen und nach dem Erstarren in Scheiben schneiden.

Die Blattgelatine wird vor der Verwendung in kaltem Wasser eingeweicht. So löst sie sich später in der heißen Brühe besser auf.

Helgoländer Fischgulasch

Auf dem roten Felsen der Insel gibt es kaum Vieh, da der Boden sich nicht für die Landwirtschaft eignet. Seit Urzeiten mussten die Bewohner also das essen, was das Meer hergab. Sie entwickelten zahlreiche Gerichte, die wir heute als Klassiker bezeichnen.

Zutaten

500 g Fischfilet (z. B. Kabeljau, Schellfisch, Rotbarsch oder Seelachs)
Saft von 1 Zitrone
500 g Kartoffeln
1 Bund Frühlingszwiebeln
2 EL Butter
125 ml trockener Weißwein
125 ml Fischfond
1 Lorbeerblatt
5 weiße Pfefferkörner
3 Wacholderbeeren
1 Salatgurke
1 Bund Dill
100 g Crème fraîche
Salz
weißer Pfeffer

Zubereitung

1 Das Fischfilet in mundgerechte Würfel schneiden, mit Salz und Pfeffer bestreuen und mit Zitronensaft beträufelt ca. 10 Minuten ziehen lassen.

2 In der Zwischenzeit die Kartoffeln schälen und in Würfel schneiden. Die Frühlingszwiebeln putzen, waschen und in Ringe schneiden und in einem großen Topf in der erhitzten Butter andünsten. Die Kartoffeln dazugeben und mitdünsten.

3 Den Weißwein und den Fischfond angießen, dann das Lorbeerblatt, die Pfefferkörner und die Wacholderbeeren hinzufügen. Alles zugedeckt bei geringer Hitze ca. 10 Minuten köcheln lassen.

4 Die Gurke waschen, längs halbieren, die Kerne entfernen, das Fruchtfleisch in Stücke schneiden und mit dem Fisch zu den Kartoffeln geben. Ca. 10 Minuten bei geringer Hitze ziehen lassen.

5 Einige Zweige Dill zum Garnieren beiseitelegen, den Rest fein hacken. Zum Schluss die Crème fraîche unterrühren, das Fischgulasch mit Salz, Pfeffer und gehacktem Dill abschmecken und mit einigen Dillzweigen garniert servieren.

Viele traditionelle Gerichte, die einst nur Alltagskost waren, wurden später erst durch Gewürze, die sich die Menschen früher nicht leisten konnten, so richtig schmackhaft.

Husumer Krabbenragout

Die Krabbenflotte des Husumer Hafens brachte in guten Jahren reiche Ernte an Land. Aus dieser Zeit stammt das Rezept für dieses Ragout, welches das Gemüse aus den Gärten mit dem Segen des Meeres kombiniert.

Zutaten

12 kleine Tomaten
1 große Zwiebel
1 TL Butter
1 Stück Sellerie
1 Knoblauchzehe
½ TL getrockneter Thymian
4 EL gehackte Petersilie
1 Lorbeerblatt
ca. 1 Msp. Cayennepfeffer
500 g Nordsee-Krabbenfleisch
Salz
schwarzer Pfeffer

Zubereitung

1 Die Stilansätze der Tomaten herausschneiden. Die Tomaten mit kochendem Wasser überbrühen, enthäuten und im eigenen Saft in einer Pfanne andünsten.

2 Die Zwiebel abziehen, fein hacken und in einer zweiten Pfanne in der Butter goldgelb andünsten, die Tomaten dazugeben und schmoren lassen. Den Sellerie schälen und fein hacken, die Knoblauchzehe abziehen und zerdrücken. Den Sellerie, den Knoblauch, den Thymian, die Petersilie und das zerbröselte Lorbeerblatt in die Pfanne geben. Mit Salz, Pfeffer und einer Prise Cayennepfeffer – vorsichtig dosieren! – abschmecken.

3 Die Krabben dazugeben und alles ca. 10 Minuten bei geringer Hitze gar ziehen lassen. Als Beilage Butterreis und ein kühles Pils servieren.

Die Krabbenkutter mit ihren Fangnetzen fischen vor allem in küstennahen Gewässern. Noch an Bord werden die Krabben abgekocht. Ein Teil wird ungeschält regional vermarktet, der Rest geht in die industrielle Weiterverarbeitung. Wer die Krabben vor Ort kauft, hat zwar die Mühe des Schälens, wird dafür aber mit absolut frischer Ware belohnt.

Salzhering Laboer Art

Diese Zubereitungsart von Heringen wird auch Feinschmecker begeistern, denn die feinen Zutaten machen aus der ehemaligen Hausmannskost eine außergewöhnliche Speise.

Zutaten

4 Salzheringe
20 frische Miesmuscheln
2 Zwiebeln
1 Bund Suppengrün
150 g frische Champignons
250 ml trockener Weißwein
1 Lorbeerblatt
4 Nelken
200 g Krabbenfleisch
40 g Butter
Salz
weißer Pfeffer

Für die Soße:
100 g Butter
3 Eigelb
125 ml Fischfond
Salz
schwarzer Pfeffer

Zum Garnieren:
1 unbehandelte Zitrone
einige Stiele Petersilie

Auf den ertragreichen Äckern in Schleswig-Holstein wachsen zahlreiche Kartoffelsorten.

Zubereitung

1 Die Salzheringe ausnehmen, die Haut abziehen und die Heringe filetieren. Die Filets einige Stunden wässern.

2 Die Miesmuscheln gründlich unter kaltem Wasser abbürsten und den Bart entfernen. Die Muscheln in Salzwasser garen, bis alle Muschelschalen geöffnet sind, danach das Muschelfleisch aus den Schalen lösen. Muscheln, die sich nicht geöffnet haben, wegwerfen!

3 Die Zwiebeln abziehen und grob hacken. Das Suppengrün putzen, waschen und grob schneiden. Die Champignons mit einem Küchenpinsel reinigen, putzen und in Scheiben schneiden.

4 Den Wein mit 1 Liter Wasser, den Zwiebeln, dem Suppengrün, dem Lorbeerblatt und den Nelken ca. 10 Minuten kochen, mit Salz und weißem Pfeffer würzen, dann durch ein Sieb passieren.

5 Die Heringsfilets und das Muschelfleisch in den Weinsud legen und bei geringer Hitze ca. 6 Minuten ziehen lassen, nicht kochen. Die Filets und die Muscheln aus dem Sud nehmen und warm stellen.

6 Die Champignonscheiben mit dem Krabbenfleisch in der Butter andünsten. Mit etwas Salz und weißem Pfeffer würzen.

7 Für die Soße die Butter zerlassen. Die Eigelbe mit etwas Fischfond verquirlen und im Wasserbad cremig rühren. Nach und nach die zerlassene Butter hineinträufeln, dann den restlichen Fischfond einrühren und die Soße mit Salz und schwarzem Pfeffer abschmecken.

8 Das Krabben-Champignon-Gemisch über die Filets mit den Muscheln geben und mit Zitronenscheiben und Petersilie garniert servieren. Zu den Heringen passen kleine, mit Dill bestreute Pellkartoffeln sehr gut.

Schellfisch auf Lauch

Der Schellfisch ist ein häufiger Fisch in der Ostsee und wird in der Region gerne gegessen — oft auch in geräucherter Form.

Zutaten

800 g küchenfertiger Schellfisch
3 EL Zitronensaft
3 EL Butter
100 g Zwiebeln
1 Knoblauchzehe
300 g Lauch
1 gelbe Paprikaschote
400 g Kartoffeln
125 ml trockener Weißwein
2 EL Butter zum Belegen
1 EL gehackte Petersilie
Salz
schwarzer Pfeffer

Auf die gleiche Art können auch frische Makrelen zubereitet werden. Dazu passt ein trockener Riesling oder ein herbes Pils.

Zubereitung

1 Den gesäuberten Fisch innen und außen mit Salz und Pfeffer einreiben, die Bauchhöhle zusätzlich mit etwas Zitronensaft beträufeln und zugedeckt ca. 30 Minuten ziehen lassen.

2 Eine feuerfeste Form mit der Butter ausstreichen. Die Zwiebeln und den Knoblauch abziehen, dann die Zwiebeln würfeln und den Knoblauch durch die Presse drücken. Beides auf dem Boden der Form verteilen.

3 Den Lauch putzen, waschen und in Ringe schneiden. Die Paprikaschote waschen, putzen und in Streifen schneiden. Die Kartoffeln schälen und in Scheiben schneiden. Das Gemüse in die Form geben, mit Salz und Pfeffer betreuen und im Backofen bei mittlerer Hitze ca. 30 Minuten halb gar backen.

4 Dann den Fisch auf das Gemüse legen, den Wein angießen und den Fisch mit Butterflöckchen belegen. Im Backofen ca. 30 Minuten fertig garen. Mit der Petersilie bestreut servieren.

An der Schlei-Mündung werden die Fische nicht wie üblich per Netz an Land gezogen, sondern ge-angelt. Dazu folgen die Fischer mit ihren Booten den Fischschwärmen und werfen die Angeln aus.

Heringskoteletts

Früher fand sich in bald jedem Hauptgericht der Küstenbewohner Hering. Zu den Rezepten, die vom Üblichen abweichen, gehören die Heringskoteletts, die etwas vortäuschen sollten, was es nicht gab, nämlich Fleisch, das für den einfachen Bürger meist zu teuer war.

Zutaten

2 Salzheringe
1 l Buttermilch
1 Bund Petersilie
1 Zwiebel
1 EL Butter
1 Ei
2 altbackene Brötchen
2 EL saure Sahne
2 EL Semmelbrösel
2 EL Butterschmalz
schwarzer Pfeffer

Zubereitung

1 Die Heringe gut 12 Stunden in der Buttermilch einlegen, danach enthäuten und die Köpfe und Flossen abschneiden. Dann filetieren und die Filets fein hacken.

2 Die Petersilie waschen, trocken schütteln und fein hacken. Die Zwiebel abziehen und ebenfalls fein hacken. Die Petersilie und die Zwiebel, die Butter, das Ei sowie die in Wasser eingeweichten und ausgedrückten Brötchen gut verkneten. Danach die saure Sahne untermischen und mit Pfeffer abschmecken.

3 Daraus eine handtellergroße, flache Frikadelle formen. Diese mit Semmelbröseln panieren und in dem heißen Butterschmalz goldbraun braten.

Ein schnelles und preiswertes Gericht, zu dem Pellkartoffeln und frischer Salat der Saison passen.

Heringe sind meist eingelegt in Lake oder Öl erhältlich. Der Fisch ist dann recht salzig. Durch das Einlegen in Milch wird dem Fisch Salz entzogen und gleichzeitig wird das Fleisch mürber.

Muscheln Sylter Art

Das schmackhafte Fleisch der Muscheln ist eine Delikatesse für jeden Liebhaber von Meeresfrüchten. Unter den zahlreichen Rezepten für die Zubereitung sind die Muscheln Sylter Art ein absoluter Klassiker.

Zutaten

1 kg Miesmuscheln
1 große Zwiebel
1 Bund Suppengrün
250 ml trockener Weißwein
4 Lorbeerblätter
20 weiße Pfefferkörner
½ TL Senfkörner
4 Gewürznelken
1 Msp. Zucker
1 Eigelb
125 ml süße Sahne
3 EL gehackter Dill
1 TL Salz
1 Msp. schwarzer Pfeffer

Zubereitung

1 Die Muscheln gut säubern und den Bart entfernen. Die Zwiebel abziehen und grob hacken. Das Suppengrün putzen, waschen und klein schneiden. Gut 1 Liter Wasser in einem hohen Topf mit dem Wein und den Gewürzen, der Zwiebel und dem Suppengrün zu einem Sud kochen.

2 Die Muscheln hineingeben und zugedeckt bei starker Hitze ca. 15 Minuten kochen. Den Topf zwischendurch hin und wieder schütteln, damit alle Muscheln gleichzeitig gar werden. Wenn sich alle Muscheln geöffnet haben, aus dem Topf nehmen und warm stellen. Nicht geöffnete Muscheln wegwerfen!

3 Den Sud durch ein Sieb in einen Topf passieren, aufkochen und mit dem Eigelb und der Sahne binden. Den Dill unterrühren. Die Soße mit Salz und Pfeffer abschmecken, die Muscheln hineingeben und in der Soße servieren. Frisches Roggenbrot mit Butter oder geröstetes Weißbrot passen als Beilage sehr gut dazu.

Muscheln werden mit den Fingern gegessen: Das Fleisch aus einer Schale herausnehmen und diese wie eine Pinzette zum Herauslösen des Fleisches aus den anderen Muscheln verwenden.

Hauptgerichte mit Fleisch

Labskaus

Ursprünglich aus der Not heraus entstanden, begeistert das Eintopfgericht aus Seemanszeiten noch heute.

Zutaten

300 g Salzkartoffeln
500 g gepökeltes Rindfleisch
1–2 EL Schweineschmalz
2 Zwiebeln
1 Bismarckhering
4 Eier
4 EL Öl
1 Glas eingelegte Rote Bete
8 Gewürzgurken

Zubereitung

1 Die Kartoffeln schälen, in Stücke schneiden und in Salzwasser gar kochen.

2 Das Fleisch ohne Salz in Wasser legen und garkochen. Herausnehmen und durch die große Scheibe des Fleischwolfs drehen. Parallel dazu die Salzkartoffeln mit dem Fleisch vermischen.

3 Die Zwiebeln schälen, fein hacken, glasig dünsten und unter die Fleisch-Kartoffel-Masse mischen. Dann den Bismarckhering zerkleinern und untermengen. Das Ganze unter ständigem Rühren heiß halten.

4 Öl in einer Pfanne erhitzen und die Eier als Spiegeleier braten.

5 Die Fleisch-Kartoffel-Herings-Masse in 4 Portionen aufteilen und jede Portion mit einem Spiegelei krönen. Mit Scheiben von eingelegter Roter Bete und Gewürzgurken servieren.

Labskaus ist ein typisches Seemannsgericht, das in der zweiten Hälfte des 19. Jahrhunderts entstand. Damals hatten die Segelschiffe keinerlei Kühlanlagen an Bord. Die Matrosen mussten sich daher mit Pökelfleisch sowie eigelegten Gurken und Roter Bete als Proviant zufrieden geben. Einer Sage nach wurde der Proviant eines Segelschiffes während einer der manchmal drei Monate und länger dauernden Reisen äußerst knapp. Da wusste sich der Schiffskoch nicht anders zu helfen, als alles irgendwie Verwertbare in einen Topf zu werfen. Diesem seltsamen Gericht gab er den Namen lobscourse, *was so viel bedeutet wie „Speise für Tölpel". Aus diesem seemännischen Allerlei wurde dann das vielgerühmte Labskaus.*

Süß-sauer gefüllte Schweinebrust

Die Schweinebrust war früher ein begehrter Sonntagsbraten — am besten lecker gefüllt und mit Petersilienkartoffeln und Rotkohl als Beilage.

Zutaten

1 kg Schweinebrust
300 g säuerliche Äpfel
250 g entsteinte Backpflaumen
1 EL Paniermehl
2 Eigelb
40 g Butterschmalz
Zucker
Salz

Für das Gemüse:
750 g Rotkohl
1 Apfel
1 Zwiebel
1 Nelke
1 EL Zucker
1 EL Essig
40 g Butterschmalz
3 EL Johannisbeergelee

Zubereitung

1 In die Schweinebrust seitlich eine tiefe Tasche schneiden, die Schwarte rautenförmig einschneiden und das Fleisch rundum leicht salzen.

2 Die Äpfel schälen, entkernen und in Achtel schneiden. Die Backpflaumen und die Äpfel leicht überzuckern, mit dem Paniermehl bestreuen und mit dem Eigelb gut vermischen. Die entstehende Masse in die Tasche füllen. Die Öffnung mit einem Holzstäbchen verschließen.

3 Das Butterschmalz in einer Pfanne erhitzen und das Fleisch darin anbraten. Dann die Schweinebrust im Backofen in einem Bräter bei mittlerer Hitze ca. 1 ½ Stunden braten, zuerst mit der Schwarte nach unten. Nach der Hälfte der Zeit wenden und die Schwarte ab und zu mit kaltem Salzwasser bestreichen.

4 Für das Gemüse den Rotkohl in Streifen schneiden, den Apfel schälen und grob raspeln, die Zwiebel abziehen und fein schneiden. Mit der Nelke, dem Zucker und dem Essig in dem heißen Butterschmalz, dem etwa fingerhoch Wasser hinzugegeben wurde, 15 Minuten schmoren. Mit Johannisbeergelee abschmecken und weitere 15 Minuten dünsten. Zu der Schweinebrust servieren.

Der deutsche Dichter Ludwig Uhland reimte einst über das Schwein: „Ihr Freunde, keiner tadle mich, dass ich vom Schweine singe: Es knüpfen Kraftgedanken sich oft an geringe Dinge." Ein „geringes Ding" war das Borstentier im hohen Norden allerdings nie!

Festtagsgans

Die Gans als Braten war schon immer der Inbegriff des guten Essens und durfte weder bei einer Hochzeit noch zu Weihnachten fehlen. Mit allerlei Füllungen versehen, bildete sie den Mittelpunkt eines Mahles und stellte andere Braten in den Schatten.

Zutaten für 6–8 Personen

1 küchenfertige Gans (ca. 4–5 kg)
250 g säuerliche Äpfel
250 g entsteinte Backpflaumen
2 EL Semmelbrösel
1 TL Puderzucker
500 ml Geflügelbrühe
2 EL Speisestärke
Salz
schwarzer Pfeffer

Bei der klassischen Zubereitung gehören Apfelmus, Rotkohl und Salzkartoffeln zu den Beilagen.

Zubereitung

1 Die Gans innen und außen mit Pfeffer und Salz einreiben.

2 Für die Füllung die geschälten, entkernten und gewürfelten Äpfel mit den halbierten Backpflaumen, den Semmelbröseln, dem Puderzucker und etwas Salz und Pfeffer gut vermischen. Den Backofen auf 180 °C (Umluft 160 °C) vorheizen.

3 Die Gans mit der Apfel-Pflaumen-Masse füllen, mit Küchengarn zunähen und mit dem Rücken nach oben auf den Rost den Backofens über die Fettpfanne legen. Ca. 1 Stunde braten. Die Gans umdrehen und unter häufigem Begießen mit dem Bratfett und der Geflügelbrühe in ca. 1 ½ Stunden gar braten.

4 10 Minuten vor Ende der Garzeit die Gans mehrfach mit etwas kaltem Salzwasser begießen, dabei die Ofentür offen stehen lassen, damit sie gut bräunt. Wenn sie fertig ist, herausnehmen und ca. 10 Minuten warm gestellt ruhen lassen, danach tranchieren.

5 Den Bratensatz durch ein Sieb in einen Topf passieren, entfetten, mit der Speisestärke binden und mit Salz und Pfeffer abschmecken. Klassische Beilagen zur Gans sind Apfelmus, Rotkohl und Salzkartoffeln.

Berühmt ist die „Lübsche Füllung" der Lübecker Hausfrauen, zubereitet aus 125 g gewässerten und gequollenen Rosinen, die zusammen mit 500 g säuerlichen Apfelwürfeln in 1 EL Gänse- oder Schweineschmalz angedünstet werden. Die Früchte werden mit 2 cl Cognac, 250 g Weißbrotwürfeln, etwas Salz und ¼ TL Zimtpulver sowie ¼ l trockenem Weißwein gut vermischt und zu einer geschmeidigen Füllmasse verknetet.

Holsteiner Selleriekartoffeln

Da Fleisch früher knapp und teuer war, wurde es häufig durch Gerichte aus Kartoffeln und Gemüse ersetzt. Ein Stück Speck war gerade noch erschwinglich: Es verleiht den beliebten Selleriekartoffeln die richtige Würze.

Zutaten für 6 Personen

1 kg Kartoffeln
800 g Knollensellerie
4 Zwiebeln
200 g fetter Räucherspeck
400 g durchwachsener Räucherspeck
Salz
schwarzer Pfeffer

Zubereitung

1 Die Kartoffeln und den Sellerie waschen, schälen und in Würfel schneiden. Danach zusammen in Salzwasser gar kochen.

2 Die Zwiebeln abziehen und fein würfeln. Beide Specksorten in kleine Würfel schneiden und gemeinsam mit den Zwiebeln in einer Pfanne braten, bis die Zwiebeln goldgelb sind. Mit etwas frisch gemahlenem Pfeffer würzen.

3 Wenn die Kartoffeln gar sind, abgießen. In tiefe Teller jeweils eine Portion von dem Kartoffel-Sellerie-Gemisch und darauf von der Zwiebel-Speck-Soße geben.

> *Genügend trinken, damit das Gericht noch besser „rutscht", vielleicht ein kühles Pils und als Abschluss einen eiskalten Korn.*

Im Jahre 1759 wurde die Kartoffel auf Anregung des dänischen Königs in Schleswig-Holstein eingeführt. Sie ersetzte schon bald die Grütze als Hauptnahrungsmittel.

Nordfriesischer Lammtopf

Wie die Dithmarscher mit ihrem Lamm-Bohnen-Eintopf, kreierten
die Nordfriesen ein eigenes Gericht, das schon bald an der ganzen
Küste Verbreitung fand.

Zutaten für 6 Personen

400 g Lammfleisch aus der Schulter
1 EL Butterschmalz
400 g Weißkohl
1 Bund Suppengrün
2 Zwiebeln
125 g Langkornreis
1 ½ l Fleischbrühe
2–3 EL Tomatenmark
1 TL Currypulver
1 TL Zucker
1 Tomate
3 EL gehackte Petersilie
Salz
schwarzer Pfeffer

Zubereitung

1 Das Fleisch in mundgerechte Würfel schneiden. Das Butterschmalz in einer Pfanne erhitzen und die Fleischwürfel darin
rundum anbraten, dann aus der Pfanne nehmen.

2 Den Weißkohl putzen, waschen und in Streifen schneiden.
Das Suppengrün putzen, waschen und klein schneiden. Die
Zwiebeln abziehen und in grobe Würfel schneiden. Das Fleisch
in eine feuerfeste Form füllen und schichtweise die Weißkohl-
streifen und den Reis darüber geben. Danach die Zwiebeln und
das Suppengrün einfüllen.

3 Die Fleischbrühe erhitzen und mit dem Tomatenmark, dem
Curry, dem Salz und dem frisch gemahlenen Pfeffer sowie
etwas Zucker würzen. Danach die Brühe in die Form über das
Fleisch und das Gemüse gießen. Alles bei geringer Hitze im
Backofen ca. 1 Stunde köcheln lassen. Nicht umrühren.

4 Die Tomate waschen, vom Stielansatz befreien und in
3–4 Stücke teilen. Wenn das Gericht gar ist, mit den Tomaten-
stücken belegen und mit Petersilie bestreut in der Form
servieren.

*An der Westküste
Schleswig-Holsteins
befindet sich das größte
zusammenhängende
Kohlanbaugebiet Europas.
Dementsprechend häufig
findet Kohl Verwendung
in der landestypischen
Küche.*

Sültfarkel – Sauerfleisch

Dieses sauer eingelegte, nicht zu magere Schweinefleisch ist ein Genuss zu kernigem Schwarzbrot oder – wie im Norden üblich – zu Bratkartoffeln.

Zutaten

2 Zwiebeln
500 g ausgelöster Schweinenacken
2 Schweinepfoten
2 kleine Lorbeerblätter
150 ml Essig
12 Blatt Gelatine
Salz
schwarze Pfefferkörner

Zubereitung

1 Die Zwiebeln abziehen und in Ringe schneiden. Das Fleisch in größere Stücke schneiden und mit den Schweinepfoten, dem Salz, den Pfefferkörnern, den Zwiebeln und den Lorbeerblättern in einen Topf geben. Den Topf anschließend knapp mit Wasser bedecken und mit dem Essig ca. 45 Minuten kochen.

2 Die Gelatine in reichlich Wasser einweichen.

3 Wenn das Fleisch gar ist, herausnehmen und in eine tiefe Schüssel legen. Von den Pfoten die Knochen auslösen, das Fleisch würfeln und ebenfalls in die Schüssel geben.

4 Den Kochsud durch ein feines Sieb in einen Topf passieren, mit der gut ausgedrückten Gelatine erhitzen und über das Fleisch gießen. Die Sülze erstarren lassen, dann in Scheiben schneiden. Dazu passt Vollkornbrot.

Aus der Not, Fleisch für längere Zeit zu konservieren und außer Pökel- und Räucherfleisch nach dem Schlachten noch etwas anderes herzustellen, wurde aus dem Sültfarkel eine Tugend gemacht. Fast jede Hausfrau und Gaststätte hat ein eigenes überliefertes Rezept. Da heißt es wirklich, probieren geht über studieren.

Wer das etwas fettere Nackenfleisch nicht mag, kann ausgelöstes Kotelett verwenden.

Klassische Beilagen zu dem Sauerfleisch sind Bratkartoffeln und grüner Salat statt Vollkornbrot. Damit wird daraus eine komplette, sättigende Mahlzeit.

Zuckererbsen mit Mehlpütt

Die ostfriesische Antwort auf die Dampfnudel!

Zutaten

500 g luftgetrockneter Schinken
1 kg junge Zuckererbsen
800 g Mehl
3 Eier
500 ml Milch
1 EL Schmalz
1 TL Zucker
30 g Hefe
Salz

Zubereitung

1 Den Schinken in 500 ml Wasser ca. 1 Stunde dünsten, dann die Erbsen hinzufügen und weitere 30 Minuten ziehen lassen.

2 Für den Mehlpütt die restlichen Zutaten miteinander verrühren und den entstandenen Teig in ein ausgebreitetes Leinen- oder Baumwolltuch legen. Danach den Topfdeckel auf den Teigkloß legen, das Leinentuch über dem Deckel zubinden und auf den Topf mit kochendem Wasser setzen. Alles für 45 Minuten kochen, wobei der Teig nicht im Wasser hängen darf und das Wasser nicht verkochen sollte.

3 Die Erbsen, der Schinken und der Mehlpütt werden getrennt voneinander serviert.

Frische Zuckererbsen sollten nicht länger als 2 Tage im Kühlschrank aufbewahrt werden. Man kann sie allerdings auch kurz blanchieren und anschließend einfrieren.

Wer es lieber süß mag, kann den Mehlpütt alternativ mit Vanillesoße und heißen Birnen genießen.

Katenschinken, Spargel und Backkartoffeln

Der mild geräucherte Holsteiner Katenschinken ist berühmt und zu
Recht begehrt: vor allem in Kombination mit frischem Spargel und
neuen Kartoffeln!

Zutaten

750 g neue Kartoffeln
2 EL Pflanzenöl
1 unbehandelte Zitrone
1,25 kg frischer Spargel
120 g Butter
1 EL Zucker
12 dünne Scheiben Holsteiner
 Katenschinken (ca. 500 g)
2 EL gehackter Dill
2 EL gehackte Petersilie
1 Packung Kresse
Salz
schwarzer Pfeffer

Zubereitung

1 Den Backofen auf 180 °C (Umluft 160 °C) vorheizen. Die
Kartoffeln waschen, längs halbieren, die Schnittflächen mit Öl
bepinseln und gleichmäßig mit Salz bestreuen. Ein Backblech
dünn mit Öl bestreichen, die Kartoffeln mit der Schnittfläche
nach oben darauf setzen und im Backofen je nach Größe
35–40 Minuten backen.

2 In der Zwischenzeit die Zitrone heiß abwaschen, gründlich
trocken reiben und in Scheiben schneiden. Den geputzten
Spargel in ca. 2 Liter leicht gesalzenem Wasser mit 2 Esslöffeln
Butter, den Zitronenscheiben und dem Zucker zum Kochen
bringen. Bei geringer Hitze 15–18 Minuten garen.

3 Danach aus dem Wasser nehmen und gut abtropfen lassen.
Etwa 3 Esslöffel Butter schmelzen, den Spargel darin schwenken
und warm stellen. Die restliche Butter in einem kleinen Topf
schmelzen, aber nicht bräunen.

4 Die Kartoffeln, den Spargel und den Schinken auf vorgewärmten
Tellern mit Dill, Petersilie und Kresse bestreut sowie mit der
flüssigen Butter als Soße servieren.

*Im Holsteinischen
findet man zahl-
reiche Räuchereien,
die in alten Katen
Hunderte von
Schinken in aller
Ruhe nach dem
Pökeln im Rauch
reifen lassen.*

Gefüllter Kohlkopf Dithmarscher Art

Der Rohstoff Kohl war nach dem Krieg ein „Überlebensmittel" in ganz Deutschland. Seinen einstigen Ruf als billiger Sattmacher hat dieses Gemüse aber schon lange hinter sich gelassen, wie unser Rezept mit Nachdruck beweist.

Zutaten für 6 Personen

1 großer Kopf Wirsingkohl
700 g Räucherspeck
1 Lorbeerblatt
5 Pimentkörner
1 Zwiebel
60 g Schmalz
50 g Mehl
¼ TL Zucker
1 Msp. geriebene Muskatnuss
200 g saure Sahne
Salz
schwarzer Pfeffer

Zubereitung

1 Den Strunk aus dem Kohlkopf herausschneiden. Den Kohl in Salzwasser ca. 10 Minuten lang kochen.

2 Den Räucherspeck durch die mittlere Scheibe des Fleischwolfs drehen und beiseitestellen. Den Kohl herausnehmen, abtropfen lassen, halbieren, die inneren Herzblätter herauslösen. In die Aushöhlung den durchgedrehten Räucherspeck füllen.

3 Den Kohlkopf wieder zusammenfügen, mit Küchengarn umwickeln und in Salzwasser mit dem Lorbeerblatt, den Pimentkörnern und der geschälten Zwiebel aufsetzen. Anschließend die ausgelösten Herzblätter dazugeben und bei mittlerer Hitze in 1 ½–2 Stunden weich kochen. Den Kohl herausnehmen und warm stellen.

4 In einem zweiten Topf das Schmalz zerlassen, das Mehl dazugeben und goldgelb rösten. Dann das Mehl unter ständigem Rühren mit dem Schneebesen in die Kohlbrühe geben. Mit Salz, Pfeffer, Zucker und Muskatnuss abschmecken und weitere 10 Minuten köcheln lassen. Zum Schluss die saure Sahne unterrühren.

5 Den Kohlkopf auf einer Platte anrichten, das Küchengarn entfernen und die Soße darübergeben.

In Dithmarschen, wo die Kohlfelder oft fast bis zum Horizont reichen, wird Kohl nicht nur angebaut, sondern auch verzehrt: in Suppen, Eintöpfen und als Kohlrouladen mit Weiß- oder Rotkohl.

Buchweizenpfannkuchen

Die „Bookweetenschubber" kamen früher sonnabends auf den
Tisch. Wichtig für den guten Geschmack und Duft des „Pannkokens"
ist Speck oder Schinken in ausreichender Menge.

Zutaten für 4–6 Personen

500 g Buchweizenmehl
500 ml kalter schwarzer Tee
3 Eier
1 EL Zucker
200 g Räucherspeck
2 EL Butterschmalz
Salz

Zubereitung

1 Das Buchweizenmehl mit dem Tee, den Eiern, einer Prise Salz
und dem Zucker zu einem glatten Teig rühren. Diesen bei Zim-
mertemperatur mehrere Stunden zugedeckt quellen lassen.

2 Den Speck klein würfeln. Das Butterschmalz in kleinen Portionen in einer Pfanne erhitzen. Jeweils ca. 1 Esslöffel Speckwürfel
dazugeben, kurz anbraten, dann etwas Teig darüber gießen und
von beiden Seiten knusprig backen. Besonders lecker schmecken
die Buchweizenpfannkuchen mit Bickbeermus (Heidelbeermus).

Speckpfannkuchen

Im hohen Norden gehört zu den Speckpfannkuchen ein Rübensirup. So
verfeinert gehen die Pfannkuchen sogar als Sonntagsmahlzeit durch.

Zutaten

3 Eier
50 g Mehl
250 ml Milch
40 g Butterschmalz
150 g Räucherspeck in dünnen Scheiben
Salz

Zubereitung

1 Die Eier trennen. Das Mehl mit der Milch, dem Eigelb und
etwas Salz zu einem glatten Teig verrühren. Diesen zugedeckt
ca. 15 Minuten quellen lassen.

2 Das Eiweiß zu steifem Schnee schlagen und portionsweise
unter den Teig heben.

3 Das Butterschmalz portionsweise in einer Pfanne erhitzen
und darin nach und nach einige Speckscheiben von beiden Seiten
anbraten, dann etwas Teig darüber gießen und von beiden Seiten
goldgelb backen.

4 Knackig frischer grüner Salat schmeckt besonders gut zu den
Speckpfannkuchen. Aber auch etwas Sauerrahm, mit Salz und
Pfeffer gewürzt, passt dazu.

Buchweizenpfannkuchen

Speckpfannkuchen

Grünkohl und süße Röstkartoffeln

Was wäre Norddeutschland ohne den Grünkohl? Die Bremer lieben ihn mit Pinkel, die Hamburger mit Kasseler Koteletts und die Schleswig-Holsteiner mit Kochwürsten, geräucherter Schweinebacke, einem deftigen Stück Speck und süßen Kartoffeln.

Zutaten für 6 Personen

2 kg frischer Grünkohl
1 große Gemüsezwiebel
100 g Schmalz
5 EL Haferflocken
750 ml Fleischbrühe
800 g kleine, runde Kartoffeln
500 g geräucherte Kochwurst im Naturdarm
500 g frische Mettwurst im Naturdarm
1 EL Puderzucker
2 EL Pflanzenöl
1 EL Zucker
1 Msp. geriebene Muskatnuss
Salz
schwarzer Pfeffer

Zu diesem deftigen Essen, das mit Schweineschmalz am schmackhaftesten wird, passt am besten ein Bier – und für den, der mag, ein Korn.

Zubereitung

1 Den Grünkohl von Stielen und Strünken befreien und grob hacken. Die Gemüsezwiebel abziehen und fein würfeln. Das Schmalz in einem großen Topf erhitzen, die Zwiebelwürfel unter Rühren bei mittlerer Hitze glasig dünsten, dann den Grünkohl dazugeben. Die Haferflocken, Salz und die Brühe hinzufügen und 1 Stunde zugedeckt bei geringer Hitze unter gelegentlichem Rühren dünsten.

2 In der Zwischenzeit die Kartoffeln mit der Schale in Salzwasser garen, pellen und abkühlen lassen. Die Würste auf den Grünkohl legen und noch 30 Minuten auf kleiner Flamme unter gelegentlichem Umrühren köcheln lassen.

3 Etwa 15 Minuten vor Ende der Garzeit eine Pfanne erhitzen, den Puderzucker einstreuen und karamellisieren lassen. Das Öl dazugießen, umrühren und die Kartoffeln darin anbraten. Mit Salz, Pfeffer, Zucker und Muskatnuss abschmecken und mit den Kartoffeln und Würsten umlegt auf einer Platte anrichten.

Im Winter war der Grünkohl früher Vitaminspender Nummer eins, da es kein anderes Wintergemüse gab. Außerdem bekommt der Geschmack des Kohls gerade nach dem ersten Frost das gewisse Etwas.

Schleswiger Pökelfleisch

Dieses Gericht ist ein weiteres Paradebeispiel für die im Norden beliebte *brooken-sööt* – die Geschmackskombination aus würzigem Fleisch und süßen Beilagen.

Zutaten für 6 Personen

4 Zwiebeln
3 kg gepökeltes Rindfleisch
4 Lorbeerblätter
8 Nelken

Zubereitung

1 Die Zwiebeln abziehen und grob zerteilen. Das Fleisch abwaschen und in reichlich Wasser mit den Zwiebeln, den Lorbeerblättern und den Nelken bei geringer Hitze ca. 3 Stunden kochen. Dann aus dem Kochsud nehmen, in Scheiben schneiden und auf einer großen vorgewärmten Platte anrichten.

2 Als Beilage zum Pökelfleisch werden Salzkartoffeln, geriebener Meerrettich, eingelegte Rote Bete, eingelegte Gurken, süß-saure Kürbisse, Essigpflaumen, Preiselbeeren oder Apfelmus serviert.

Das Pökeln von Fleisch ist eine uralte Konservierungsmethode, die früher in allen Teilen des Landes praktiziert wurde. Pökelfleisch ist auch Bestandteil des typisch norddeutschen Essens, des Labskaus.

Wildenten mit Pilzsoße

Das Fleisch der Wildente gilt als besonders edel, weil es so zart ist.
Junge Tiere haben zudem einen feinen, würzigen Geschmack.

Zutaten

2 küchenfertige Wildenten (à ca. 500 g)
1 große Zwiebel
100 g durchwachsener Räucherspeck
250 ml Fleischbrühe
250 g Champignons
125 g saure Sahne
1 Eigelb
1 Bund Petersilie
Salz
schwarzer Pfeffer

Zubereitung

1 Die Enten innen kräftig mit Salz und Pfeffer einreiben. Die Zwiebel abziehen und in Würfel schneiden, den Räucherspeck ebenfalls würfeln. Den Speck in einer Pfanne etwas ausbraten, dann die Zwiebelwürfel dazugeben und goldgelb andünsten.

2 Das Speck-Zwiebel-Gemisch in einen großen Bräter füllen und die Enten darin bei starker Hitze rundum anbraten. Die Hitze reduzieren und die Enten ca. 40 Minuten braten, dabei ab und zu wenden. Danach die Fleischbrühe angießen und die Enten weitere 40 Minuten garen.

3 Zwischenzeitlich die Champignons mit einem Küchenpinsel säubern. Nicht waschen, da sie sich schnell mit Wasser vollsaugen und an Geschmack verlieren! Die Stielenden abschneiden und die Pilze vierteln. Ca. 20 Minuten vor Ende der Garzeit zu den Enten in den Bräter geben und mit schmoren lassen.

4 Wenn sie gar sind, die Enten aus dem Bräter nehmen, in Alufolie einschlagen und warm stellen.

5 Die saure Sahne, das Eigelb und die fein gehackte Petersilie in den Bratenfond rühren und die Soße abschmecken.

6 Die Enten portionieren und auf einer vorgewärmten Platte anrichten, die Soße getrennt servieren.

In den zahlreichen Wäldern der Holsteinischen Schweiz erwartet die Pilzsammler eine gute Ernte: Von der Krausen Glucke bis zum Steinpilz finden sie hier frische Zutaten für köstliche Pilzgerichte.

Hasenrücken Lübecker Art

Hasenfleisch war in der Region schon immer beliebt. Sofern man es sich leisten konnte, wurden daraus Pasteten gebacken, Eintöpfe und Ragouts zubereitet und die edelsten Teile wie Keule und Rücken aufs Feinste angerichtet. Hase auf Lübecker Art ist typisch für die ganze Ostseeküste.

Zutaten

1 küchenfertiger Hasenrücken (ca. 600 g)
1 EL Estragonsenf
125 g Schinkenspeck in Scheiben
250 g fetter Räucherspeck in Scheiben
1 Lorbeerblatt
100 ml Rotwein
120 g saure Sahne
Salz
schwarzer Pfeffer

Zubereitung

1 Den Hasenrücken dünn mit dem Estragonsenf bestreichen, dann mit den Schinkenspeckscheiben belegen. Einen Bräter oder eine feuerfeste Form mit dem fetten Speck auslegen, das Lorbeerblatt dazugeben und den Hasenrücken in die Form legen.

2 Im Backofen bei starker Hitze ca. 40 Minuten garen. Sobald der Rücken zu bräunen beginnt, hin und wieder mit dem Rotwein und etwas Bratenfond übergießen.

3 Wenn er gar ist, den Hasenrücken aus dem Bräter nehmen, in Alufolie einschlagen und warm stellen.

4 Aus dem Bratenfond das Lorbeerblatt und die Speckreste entfernen. Danach die saure Sahne einrühren und die Soße mit Salz und Pfeffer abschmecken.

5 Den Hasenrücken tranchieren und auf einer vorgewärmten Platte anrichten. Die Soße getrennt dazu reichen. Als Beilagen sind Kartoffelpüree und Preiselbeerkompott ideal.

Die Jagdsaison für Feldhasen ist in Schleswig-Holstein von Oktober bis Dezember. Dann hat man die besten Chancen, einen frischen Braten zu bekommen.

Wer die Soße etwas sämiger mag, kann sie vor dem Servieren noch mit etwas Speisestärke andicken.

Wildschweinrücken Sachsenwälder Art

In den Restaurants des Sachsenwaldes und der umliegenden Orte ist köstlicher Wildbraten auf nahezu jeder Speisekarte zu finden. Dieses Rezept ist ein echter Klassiker in der Region.

Zutaten

1,2 kg Wildschweinrücken
6 Wacholderbeeren
80 g fetter Räucherspeck in dünnen Scheiben
2 Zwiebeln
40 g Butter
4 cl Gin
125 ml Fleischbrühe
120 g saure Sahne
Saft von 1 Zitrone
3 EL Apfelmus
Salz
schwarzer Pfeffer

Die Soße kann man auch mit Rotwein anstelle der sauren Sahne aufkochen, darf sie aber nur ganz kurz erhitzen, damit das Aroma nicht verfliegt.

Der Sachsenwald gilt als besonders wildreich. Neben Reh, Hirsch und Niederwild gibt es hier vor allem viele Wildschweine. Die „Schwarzkittel" sind in einigen Gebieten fast zur Landplage geworden.

Zubereitung

1 Von dem Fleischstück das überschüssige Fett entfernen, dann den Rücken mit Salz, grob gemahlenem schwarzen Pfeffer und den zerdrückten Wacholderbeeren rundum einreiben. Danach mit den Speckscheiben belegen.

2 Die Zwiebeln abziehen und in Scheiben schneiden, die Butter in einem Bräter erhitzen. Die Zwiebelringe darin goldgelb andünsten, dann das Bratenstück anbraten. Den Backofen auf 180 °C (Umluft 160 °C) vorheizen.

3 Den Braten im Backofen ca. 1 ¼ Stunden garen. Bei Bedarf zwischendurch etwas Wasser in den Bräter geben. Das Fleisch nicht zu lange im Ofen lassen, innen sollte es noch zartrosa sein.

4 Sobald der Wildschweinrücken gar ist, aus dem Bräter nehmen, auf den Rost im Backofen legen, den Bräter mit dem Bratenfond darunter stellen und die Speckscheiben entfernen. Den Rücken mit dem Gin übergießen. Bei starker Oberhitze gut braun werden lassen.

5 Wenn der Rücken ausreichend gebräunt ist, aus dem Ofen nehmen, in Alufolie einschlagen und einige Minuten ruhen lassen.

6 In der Zwischenzeit den Bratenfond mit der Brühe, der sauren Sahne und dem Zitronensaft aufkochen. Danach durch ein Sieb in einen Topf passieren und mit Salz und Pfeffer abschmecken. Kurz vor dem Servieren das Apfelmus einrühren.

7 Den Rücken tranchieren und auf einer vorgewärmten Platte anrichten, die Soße getrennt servieren. Als Beilage können kleine Kartöffelchen und in Speck gedünsteter Rosenkohl gereicht werden.

Süßspeisen, Kuchen & Getränke

Beerenbeslag ~ Birnenbeschlag

Die Zeit der Birnenreife wurde auf dem Lande herbeigesehnt, denn
danach gab es zahlreiche Süßspeisen, Kuchen und natürlich den
Birnenbeschlag: süße Birnen mit kernigem Speck.

Zutaten für 6 Personen

1 kg Kochbirnen
1 unbehandelte Zitrone
½ Zimtstange
2 Nelken
6 EL Zucker
100 g Butter
4 Eier
500 g Mehl
1 Backpulver
250 ml Milch
400 g fetter Speck in Scheiben
Fett für die Form
Salz

Zubereitung

1 Die Birnen schälen, halbieren und entkernen. Die Zitrone
abwaschen, gründlich trocken reiben, schälen, die weiße
Haut entfernen, die Schale in Würfel und das Fruchtfleisch
in Scheiben schneiden.

2 Die Birnen mit den Zitronenscheiben, der gewürfelten
Zitronenschale, der Zimtstange, den Nelken und 3 Esslöffel
Zucker ca. 10 Minuten köcheln, dann abkühlen lassen.

3 Aus der Butter, dem restlichen Zucker, den Eiern, dem
Mehl, dem Backpulver, der Milch und 1 Msp. Salz einen glatten, nicht zu weichen Rührteig herstellen. Den Backofen auf
180 °C (Umluft 160 °C) vorheizen.

4 Den Boden einer großen Auflaufform mit den Speckscheiben auslegen. Den Rand etwas einfetten. Dreiviertel
der Birnen dicht nebeneinander auf den Speck legen und
4–5 Esslöffel Kochsaft darüber träufeln. Den Teig in die Form
geben, die Birnen gänzlich damit bedecken und ca. 1 ½ Stunden
backen. Nach der Hälfte der Backzeit die Form mit Alufolie
abdecken.

5 Die restlichen Birnen pürieren, mit dem Kochsaft mischen
und heiß als Kompott zu dem Birnenbeschlag servieren.

*Birnen und Speck sind keine absonderliche
Kombination, wie man zunächst vermuten
könnte. Verfeinert mit Gewürzen, ergänzen sie
einander auf das Harmonischste.*

Bickbeer-Blechkuchen

Die Bickbeeren, hochdeutsch Heidel- oder Blaubeeren genannt, wachsen nicht nur in den Wäldern der Ostseeregion, sondern ebenso auf den weniger ertragreichen Böden der Geest. Als kostenlose Waldfrüchte waren sie früher zur Ergänzung des täglichen Einerleis heiß begehrt. Für Kuchen, Suppen und Kaltschalen werden sie auch heute noch gerne verwendet.

Zutaten für 1 Backblech

400 g Mehl
1 Päckchen Backpulver
4 Eier
150 g Butter
250 g Zucker
1 unbehandelte Zitrone
400 g streichfähiger Frischkäse
500 g Heidelbeeren
50 Mandelblättchen
Fett für das Blech

Zubereitung

1 Das Mehl mit dem Backpulver, 2 Eiern, der Butter und 100 g Zucker zu einem Mürbeteig verkneten und diesen auf einem gefetteten Backblech ausrollen. Den Backofen auf 180 °C (Umluft 160 °C) vorheizen.

2 Die Zitrone heiß abwaschen, gründlich trocken reiben und Schale rundherum abreiben. Den Frischkäse mit den restlichen beiden Eiern, dem restlichen Zucker und der abgeriebenen Zitronenschale verrühren und anschließend die Heidelbeeren untermischen.

3 Den Belag auf den Teig streichen und mit den Mandelblättchen bestreuen. Im Backofen bei 180 °C in ca. 50 Minuten goldbraun backen.

Kalte Holundermilch

Zutaten für 4–6 Personen

2 Holunderblütendolden
1 l Milch
2 Eier
2 EL Speisestärke
100–130 g Zucker
1 TL gemahlener Zimt
Salz

Zubereitung

1 Die Holunderblüten in der Milch ca. 10 Minuten sanft köcheln, dann herausnehmen.

2 Die Eier trennen und die Eigelbe verquirlen. Die Milch mit der Speisestärke binden und vom Herd nehmen. 60–80 g Zucker, etwas Salz und die Eigelbe einrühren.

3 Das Eiweiß mit etwas Zucker zu steifem Schnee schlagen. Den restlichen Zucker mit dem Zimt mischen. Von dem Eischnee Klößchen abstechen und auf die heiße Milch legen, die Zucker-Zimt-Mischung darüber streuen und den Topf zudecken, damit die Eischneeklößchen gar werden. Vor dem Servieren gut kühlen.

Bickbeer-
Blechkuchen

Kalte Holundermilch

Quetschmadam

Birnen sind eine typische Zutat der norddeutschen Küche. Für dieses Gericht benötigt man süße, saftige Birnen, die gut zum Milchreis passen.

Zutaten

500 g Birnen
1 unbehandelte Zitrone
3 EL Zucker
500 ml Milch
1 Stange Zimt
150 g Milchreis
200 ml Erdbeersaft
1 EL Puddingpulver

Zubereitung

1 Die Birnen schälen, entkernen und in Stücke schneiden. Von der heiß abgewaschenen, abgetrockneten Zitrone die Zeste dünn abschälen und beiseitestellen. Dann den Saft auspressen. Die Birnenstücke in wenig Wasser mit 1 Esslöffel Zucker und etwas Zitronensaft dünsten.

2 Die Milch mit dem restlichen Zucker, der Zimtstange und der Zitronenschale aufkochen, den Reis einstreuen und bei geringer Hitze ca. 20 Minuten quellen lassen.

3 Den Erdbeersaft aufkochen und mit dem Puddingpulver binden. Die Birnen und den Reis heiß oder kalt servieren. Den Erdbeersaft getrennt dazu reichen.

> Abgesehen von Erdbeersoße und süßen Birnen, schmeckt auch die für den Norden typische Rode Grütt (siehe Seite 132) hervorragend zu Milchreis.

Der Name dieses Gerichts ist eine Verballhornung der im 18. Jahrhundert eingeführten Birnensorte „Cuisse Madam".

Errötende Jungfrau

Die rote Gelatine, früher öfters durch etwas Saft ersetzt, ist hier namensgebend, denn sie lässt das Gericht ganz zart „erröten".

Zutaten

500 ml Buttermilch
500 ml süße Sahne
Saft von ½ Zitrone
125 g Zucker
1 Päckchen Vanillezucker
50 g geriebene Mandeln
8 Blatt rote Gelatine

Zubereitung

1 Die Buttermilch und die Sahne mit dem Zitronensaft, dem Zucker, dem Vanillezucker und den Mandeln vermischen.

2 Die Gelatine nach Packungsvorschrift in 100 ml heißem Wasser auflösen und zur Milch geben. Gut umrühren, in eine Glasschale füllen und erstarren lassen. Dazu passt am besten ungesüßte Schlagsahne.

Rote Grütze

Die „Rode Grütt" aus frisch geernteten Beeren ist ein Gedicht. Sie schmeckt so gut, dass sie einen Siegeszug nach Skandinavien und quer durch Deutschland antrat.

Zutaten

500 g entstielte rote Johannisbeeren
250 g Himbeeren
¼ Vanillestange
200 g Zucker
150 g Speisestärke

Am besten schmeckt dazu ungeschlagene süße Sahne oder kalte Vanillesoße.

Zubereitung

1 Die Beeren waschen und verlesen. In ca. 1 ½ Liter Wasser knapp weich kochen und dann durch ein feines Sieb streichen.

2 Die Fruchtmasse mit der Vanillestange und dem Zucker nochmals einige Minuten unter Rühren kochen, dann mit der in etwas kaltem Wasser angerührten Speisestärke binden. In eine mit kaltem Wasser angefeuchtete Form füllen und kalt stellen.

Errötende Jungfrau

Rote Grütze

Bauernmädchen im Schleier

Ursprünglich stammt diese Nachspeise nicht aus Schleswig-Holstein, sondern wurde von den Dänen übernommen. Sie ist hauptsächlich in der Schleswiger Region verbreitet. Das Bauernmädchen wird übrigens durch das Schwarzbrot symbolisiert, den Schleier bildet die süße Schlagsahne.

Zutaten

1 EL Butter
2 EL Puderzucker
400 g geriebenes Schwarzbrot
100 g Himbeermarmelade
200 g Apfelmus
4 EL Semmelbrösel

Zum Garnieren:
ca. 125 ml süße Sahne
Zucker nach Belieben

Zubereitung

1 Die Butter in einem Topf schmelzen lassen und den Puderzucker darin karamellisieren. Das Schwarzbrot dazugeben und rühren, bis eine geschmeidige Masse entsteht.

2 Etwas abkühlen lassen, dann in 4 Gläser schichtweise abwechselnd einen Teil der Schwarzbrotmasse, die Himbeermarmelade und das Apfelmus einfüllen. Zum Schluss die Semmelbrösel darüber streuen und erkalten lassen. Mit leicht gesüßter Schlagsahne servieren.

Wer es gerne etwas leichter mag, kann anstatt der Sahnehaube auch Quark zum Garnieren verwenden.

In Schleswig-Holstein isst man am liebsten Schwarzbrot oder Pumpernickel. Dieses bildet auch die Grundlage für das obige Dessert.

Pannkoken mit Bickbeerenkompott

Was für andere die Pfannkuchen, sind für die Friesen die Pannkoken – ein Fest für Fans von süßen Hauptgerichten.

Zutaten

2 Eier
500 g Weizenmehl
1 l Milch
Speckfett
1 kg Bickbeeren (Heidelbeeren)
250 ml Wasser
250 g Zucker
25 g Mehl
Salz

Zubereitung

1 Die Eier trennen. Das Weizenmehl mit etwas Salz, der Milch und zwei Eigelben gut verrühren. Danach die Eiweiße steif schlagen und unter den Teig ziehen.

2 Das Speckfett in einer Pfanne auslassen, eine recht dicke Masse des Teiges in die Pfanne geben und von beiden Seiten goldgelb braten.

3 Die Bickbeeren mit der Hälfte des Wassers und dem Zucker zum Kochen aufsetzen. Mit dem restlichen Wasser das Mehl anrühren, in den Topf geben und das Ganze aufkochen. Das Bickbeerenkompott über den heißen Pannkoken streichen.

Im Süden Deutschlands sind die Bickbeeren als Heidelbeeren oder Blaubeeren bekannt.

Die Pannkoken schmecken natürlich auch mit frischen Früchten sehr lecker.

Wer es dennoch lieber herzhaft mag, kann die Pannkoken mit Lachs und Kräuterfrischkäse füllen. So eignet er sich perfekt als Partysnack.

Quittenschnee

Quitten wachsen traditionell in vielen Bauerngärten. Wer sie einmal anders als zu Quittengelee oder Quittenbrot verarbeiten möchte, sollte dieses köstliche Rezept ausprobieren.

Zutaten

1 kg Quitten
300 g Zucker
1 EL abgeriebene Schale
  einer unbehandelten Zitrone
6 Eiweiß
1 EL Butter

Zubereitung

1 Die Quitten mit einem Tuch abreiben, schälen und die Kerngehäuse entfernen. Das Fruchtfleisch in Spalten schneiden, mit dem Zucker mischen und zugedeckt beiseitestellen.

2 Die Schalen und Kerngehäuse mit wenig Wasser bei geringer Hitze ca. 2 Stunden köcheln lassen, wenn nötig, etwas Wasser nachfüllen. Die Flüssigkeit dann durch ein Sieb in einen Topf passieren und die Quitten darin in 1 ½–2 Stunden bei geringer Hitze zugedeckt weich kochen. Die Quitten durch ein feines Sieb streichen, die Zitronenschale dazugeben, eventuell nachzuckern. Das Eiweiß zu sehr steifem Schnee schlagen und unter das etwas abgekühlte Quittenmus heben.

3 Eine feuerfeste Form mit der Butter ausstreichen, den Quittenschnee einfüllen, glattstreichen und bei mittlerer Hitze im Backofen backen, bis sich eine goldbraune Kruste gebildet hat. Heiß servieren.

Die beiden Sorten Apfelquitte (Bild links) und Birnenquitte (Bild rechts) unterscheiden sich nicht nur in der Form: Die Apfelquitte ist runder, aromatischer und härter als die längliche Birnenquitte.

Apfelgrütze

Dieses Gericht war ursprünglich eine Verbindung aus der damals üblichen Grütze und den Äpfeln, die überall wuchsen. Im Laufe der Zeit wurde der Anteil der Grütze immer weniger, bis sie schließlich nur noch im Namen übrig blieb.

Zutaten

1 kg Äpfel
2 EL Speisestärke
100–150 g Zucker
Saft von 1 Zitrone
Milch nach Belieben

Zubereitung

1 Von den Äpfeln die Stiele und Blütenansätze entfernen. Das Fruchtfleisch mit Schale und Kerngehäuse in Stücke schneiden und in wenig Wasser weich kochen, dabei ab und zu umrühren.

2 Die weichen Apfelstücke durch ein nicht zu feines Sieb in einen Topf streichen. Das Mus nochmals aufkochen und die in etwas kaltem Wasser angerührte Speisestärke einrühren. Den Zucker und den Zitronensaft dazugeben und erkalten lassen. Mit kalter Milch servieren.

Rhabarbergrütze

Zutaten

750 g Rhabarber
250 g Zucker
1 unbehandelte Zitrone
1 Zimtstange
100 ml lieblicher Weißwein
125 g Sago
nach Belieben Milch, Schlagsahne
  oder Vanillesoße

Grütze, früher ein Hauptnahrungsmittel, wird traditionell mit Sago zubereitet. Es handelt sich dabei um ein Verdickungsmittel, das aus dem Stamm der Echten Sagopalme gewonnen und meist als „Perlsago" in Form von kleinen Kugeln verkauft wird.

Zubereitung

1 Den Rhabarber waschen, ungeschält in kleine Stücke schneiden und mit dem Zucker vermischen. Die Zitrone heiß abwaschen, gründlich trocken reiben und die Schale spiralförmig dünn abschälen, dann den Saft auspressen.

2 Den Rhabarber, die Zitronenschale, den Zitronensaft und die Zimtstange mit 500 ml Wasser, dem Wein und dem Sago in einen Topf geben, unter Rühren aufkochen und ca. 20 Minuten bei geringer Hitze köcheln lassen. Nochmal abschmecken.

3 Die Zitronenschale und die Zimtstange herausnehmen. Die Grütze erkalten lassen. Mit kalter Milch, Sahne oder Vanillesoße servieren.

Apfelgrütze

Rhabarbergrütze

Apfelkuchen

Nicht nur bei Festlichkeiten längst vergangener Zeiten, sondern auch heute noch gehört ein ordentliches Stück Kuchen einfach dazu. Auf den alten Höfen werden bei wichtigen Anlässen die verschiedensten Sorten aufgetischt – und dabei darf der Apfelkuchen auf keinen Fall fehlen!

Zutaten für 1 Springform

Für den Teig:
500 ml Milch
8 Eier
250 g Butter
125 g Zucker
50 g Hefe
500 g Mehl

Für den Belag:
1 kg Äpfel
1 EL abgeriebene Schale
  einer unbehandelten Zitrone

Außerdem:
15 g Butter für die Form
Puderzucker zum Bestreuen

Zubereitung

1 Für den Teig die Milch leicht erwärmen. 4 Eier trennen und die Eiweiße für den Belag beiseitestellen. Die Butter schaumig rühren, dann die 4 ganzen Eier und die 4 Eigelbe, den Zucker und die in etwas Milch gelöste Hefe dazurühren. Alles mit dem Mehl zu einem glatten Teig verkneten.

2 Für den Belag die Äpfel schälen, entkernen und in kleine Würfel schneiden. Die Eiweiße zu steifem Schnee schlagen und mit den Apfelwürfeln und der Zitronenschale unter den Teig mischen. Den Teig ca. 1 Stunde gehen lassen. Den Backofen auf 180 °C (Umluft 160 °C) vorheizen.

3 Die Springform mit Butter ausstreichen, den Teig hineingeben und im vorgeheizten Backofen ca. 40 Minuten backen. Mit etwas Puderzucker bestreuen und den Kuchen noch warm servieren.

Wie es sich für den Norden gehört, trinkt man zu dem Apfelkuchen eine dampfende Tasse Ostfriesentee.

Die wichtigste Baumobstfrucht in Schleswig-Holstein ist der Apfel. Die häufigsten Sorten sind Elstar, Holsteiner Cox und Jonagored.

Futtjens

Diese leckeren, auch „Förtchen" genannten Teigbällchen sind
vor allem an der Westküste Schleswig-Holsteins sehr beliebt.

Zutaten

2 TL Hefe
1 l Milch
100 ml süße Sahne
100 g Butter
500 g Mehl
10 Eier
2 EL Zucker
1 TL Kardamom
65 g gemahlene Mandeln oder Nüsse
50 g Rosinen
500 ml Pflanzenöl
Zucker und Zimt nach Belieben

Zubereitung

1 Die Hefe in wenig lauwarmer Milch auflösen. Die restliche
Milch mit der Sahne und der Butter in einem großen Topf
erhitzen. Den Topf vom Herd nehmen, bevor die Masse zu
kochen beginnt. Das Mehl auf einmal hineinschütten und zu
einem Kloß verrühren. Dann den Topf wieder auf den Herd
stellen und rühren, bis sich auf dem Topfboden ein weißer
Belag gebildet hat.

2 Den Topf vom Herd nehmen und nacheinander die Eier, den
Zucker, den Kardamom und die Mandeln oder Nüsse hineinrühren. Zuletzt die angerührte Hefe und die Rosinen dazugeben. Den Teig ca. 45 Minuten gehen lassen.

3 Das Öl in einem großen Topf erhitzen. Von dem Teig mit
einem Löffel Klöße abstechen und in dem heißen Öl schwim-
mend goldgelb backen. Nach dem Abtropfen in einem Zimt-
Zucker-Gemisch wenden. Heiß oder kalt servieren.

Neujahrskoken

An besonderen Festtagen musste das Backwerk außergewöhnlich sein:
In den Neujahrskuchen wird reichlich Kandis verwendet, der früher
teuer und knapp war.

Zutaten

350 g weißer Kandis
500 g Weizenmehl
3 Eier
250 g Butter
je 1 Msp. Kardamom und Anis
250 ml Milch
etwas Kandiszucker zum Bestreuen

Zubereitung

1 Einen Liter Wasser zum Kochen bringen. Den Kandis darin
auflösen und mit dem Mehl, den Eiern, der Butter, etwas Kardamom und Anis sowie der Milch zu einem glatten Teig verrühren, der auf keinen Fall zu dünn geraten darf.

2 Im Waffeleisen portionsweise goldbraun backen und mit
zerstoßenem Kandis bestreut servieren.

Futtjens

Neujahrskoken

Butterkuchen

Der „Botterkoken", goldgelb gebacken und herrlich duftend, ist so norddeutsch wie die Rote Grütze. Dieser Blechkuchen gehört zum Kaffeeklatsch oder einem Fest einfach dazu. Und wie er schmeckt!

Zutaten für 1 Backblech

Für den Teig:
40 g Hefe
250 ml Milch
100 g Zucker
500 g Mehl
1 Ei
80 g Butter
Salz

Für den Belag:
150 g weiche Butter
2 TL gemahlener Zimt
100–125 g Zucker
100 g Mandelblättchen

Zubereitung

1 Für den Teig die Hefe mit etwas lauwarmer Milch und 1 Esslöffel Zucker anrühren und ca. 15 Minuten aufgehen lassen. Dann mit dem Mehl, dem Ei, dem restlichen Zucker, der Butter und etwas Salz zu einem glatten Teig verkneten. Zugedeckt an einem warmen Platz ca. 1 Stunde gehen lassen.

2 Den Backofen auf 180 °C (Umluft 160 °C) vorheizen. Den Teig auf einem eingefetteten Backblech ausrollen und mehrfach mit einer Gabel einstechen..

3 Für den Belag die Butter schaumig rühren und auf den Teig streichen. Mit dem Zimt, dem Zucker und den Mandelblättchen bestreuen. Im vorgeheizten Backofen ca. 30 Minuten goldbraun backen.

Bei der Vorbereitung großer Feste, wie Hochzeiten oder Taufen, wurden früher Unmengen an Blechkuchen vorbereitet – und auch vertilgt!

Außerhalb von festlichen Anlässen kann man in Schleswig-Holstein die leckeren Blechkuchen auch in zahlreichen Bauernhofcafés genießen.

Büsumer Eierpunsch

Auch die Frauen griffen früher bei Branntwein, Korn oder Rum-
getränken zu, gerne auch in der „Verkleidung" eines Eierpunschs.

Zutaten für 4 Gläser

250 ml 40%iger Rum
8 Eier
3 EL Zucker
je 1 Msp. gemahlener Ingwer, Nelkenpulver
   und getrocknete Zitronenschale

Zubereitung

1 250 ml Wasser erhitzen, aber nicht kochen. Ebenso den Rum
erwärmen. Beides warm halten.

2 Die Eier trennen. Die Eigelbe in einem Topf mit dem Zucker
schaumig schlagen. Das heiße Wasser unter ständigem Rühren dazugeben.

3 Mit den Gewürzen abschmecken und den vorgewärmten
Rum hineinrühren. Das heiße, schaumige Getränk in vorgewärmten Punschgläsern servieren.

Dithmarscher Kaffee

In Zeiten, in denen der Alkohol den Männern vorbehalten war,
tranken die Dithmarscher Frauen ihren Kaffee fortan mit einem Ei
als Stärkungsmittel – ohne alkoholische Zutat.

Zutaten für 4 Gläser

1 Ei
8 TL gemahlener Kaffee

Zubereitung

1 Einen Liter Wasser zum Kochen bringen. In der Zwischenzeit
das ganze Ei mit etwas kaltem Wasser verquirlen und den gemahlenen Kaffee einrühren.

2 Diese Mischung in das sprudelnde Wasser geben und alles
zwei- bis dreimal aufkochen lassen, filtern und heiß servieren.

Büsumer Eierpunsch

Dithmarscher Kaffee

Pharisäer

Die Flensburger Handelsherren führten den Rum im ganzen Land ein.
Das löste „Gastereyen" aus, die den Argwohn der Obrigkeit erregten.
So besann sich jede Region auf Getränke, denen man den geliebten
Alkohol nicht gleich ansah.

Zutaten für 1 Tasse

50 ml starker Kaffee
3 Stück Würfelzucker
3 cl Rum
2 EL steif geschlagene süße Sahne

Zubereitung

1 Eine hohe Tasse zur Hälfte mit frischem heißen Kaffee
füllen, den Zucker und den angewärmten Rum dazugeben
und kurz umrühren.

2 Eine Sahnehaube darauf setzen. Nicht mehr umrühren und
durch die Sahnehaube trinken.

*Der Erzählung nach entstand der Name des Getränkes auf
der Halbinsel Nordstrand. Dort predigte einst ein Pfarrer ve-
hement gegen den Alkoholkonsum seiner Schäfchen. Um ihn
zu täuschen, wurde der Rum in Kaffeetassen gefüllt, heißer*
*Kaffee darüber gegossen, mit etwas Zucker gesüßt und mit
einer gewaltigen Sahnehaube gekrönt, die das Ausströmen
des Duftes verhindern sollte. Erst per Zufall entdeckte der
Pfarrer die List und rief aus: „Oh, ihr Pharisäer ...!"*

Pellwormer Teepunsch

Harmlos sieht der Punsch, das „Nationalgetränk" der Nordfriesen,
in den kleinen Tassen aus – aber der Schein trügt!

Zutaten für 8–10 Tassen

Kandiszucker
1 l nicht zu starker schwarzer Tee
1 Flasche Kümmelschnaps

Zubereitung

1 Etwas Kandiszucker in kleine Teetassen geben, dann zur
Hälfte mit dem heißen Tee auffüllen.

2 Einen guten Schluck Kümmelschnaps in jede Tasse geben,
umrühren und heiß trinken.

Pharisäer

geele Röm

Pellwormer Teepunsch

Lübecker Bischof

Umstritten ist die Herkunft des Namens für dieses Getränk: Die einen meinen, dass seine Farbe große Ähnlichkeit mit den Gewändern der Bischöfe aufweise. Andere wiederum sagen, dass sich früher nur Bischöfe Rotwein leisten konnten.

Die Pommeranze ist eine Zitrusfrucht, die der Orange ähnelt, aber kleiner und bitterer ist. Man nennt sie deshalb auch Bitterorange. Sie wird meist zu Orangenmarmelade und ihre Schale zu Orangeat verarbeitet.

Zutaten für 4 Gläser

1 grüne bittere Pomeranze
1 Flasche Bordeaux
Zucker

Zubereitung

1 Die Pomeranze heiß abwaschen, gründlich trocken reiben und ganz dünn abschälen. Die Schale in ein Bowlegefäß legen und mit dem Bordeaux übergießen.

2 Die Bowle zugedeckt mindestens 10 Stunden ziehen lassen. Vor dem Servieren mit Zucker abschmecken.

Angelner Muck

Der Name dieses Getränkes hat nichts mit Anglern zu tun. Diese Abwandlung des Grogs wurde vielmehr in der Landschaft Angeln kreiert.

Zutaten für 4 Gläser

250 ml Rum
Saft von 3 Zitronen
4 EL Zucker

Zubereitung

1 Den Rum mit 250 ml Wasser mischen, erhitzen, aber nicht kochen.

2 Mit dem Zitronensaft und dem Zucker abschmecken und heiß servieren.

Lübecker Bischof

Angelner Muck

Rumtopf

Um das leckere Sommerobst zu konservieren, muss es
nicht immer Marmelade, Kompott oder Gelee sein.

Zutaten

500 g Früchte
  (Erdbeeren, Himbeeren, rote Johannisbeeren,
  entsteinte Kirschen, Stachelbeeren,
  Renekloden)
500 g Zucker
1 l Rum (55 %)

Zubereitung

1 Alle Zutaten in einen Steintopf geben, diesen gut mit einem
Deckel verschließen, bis man die nächste Lage von Früchten
hinzufügt. Bei diesen Gelegenheiten sollte der Rumtopf unbedingt umgerührt werden.

2 Den Rumtopf für ca. 4 Wochen an einem kühlen Ort aufbe-
wahren und ziehen lassen. Auf diese Weise Monat für Monat
weiteres Saisonobst und 250 g Zucker hinzufügen. Die Früchte
sollten immer einen Finger breit mit Rum bedeckt sein. Die
Reifezeit beträgt nach dem Hinzufügen der letzten Fruchtlage
noch mindestens 4 Wochen.

3 Wenn man keine Gelegenheit hat, die Fruchtarten einzeln
aufzufüllen, kann man sie selbstverständlich auch auf einmal
aufsetzen.

*Rumtopf kann pur genossen werden, er ist jedoch
auch sehr beliebt zu Vanilleeis mit frischer, unge-
süßter und ungeschlagener Sahne.*

*Wer im Winter einen leckeren Rumtopf genießen
möchte, sollte diesen rechtzeitig zur Erdbeersaison
ansetzen. Sie sind eine hervorragende Basis.*

Schriftgelehrter

Dieses süffige Heißgetränk gilt oft als der kleinere Bruder des Pharisäers, weil es aus Kakao und nicht aus Kaffee zubereitet wird. Und richtig, der Schriftgelehrte ist lieblicher, und dem Rum scheint die Verbindung mit dem Kakao gut zu bekommen.

Zutaten für 1 Tasse

50 ml heißer Kakao
3 Stück Würfelzucker
3 cl Rum
2 EL steif geschlagene süße Sahne
1 Msp. Kakaopulver

Zubereitung

1 Den Kakao in eine hohe Tasse füllen, den Zucker und den angewärmten Rum dazugeben und umrühren.

2 Die Sahne als Haube darauf setzen und Kakaopulver darüber streuen. Durch die Sahnehaube trinken.

Helgoländer Feuer

Um an langen und kalten Winterabenden etwas „för de Seel" zu haben, bereitet man auf der Insel gerne mal einen Punsch zu, bei dem ein ordentlicher Schuss Rum für die nötige Würze sorgt.

Früher wurde ab und zu mal ein Fässchen Wein an den Strand gespült – sehr zur Freude der Inselbewohner, die sich keinen teuren Wein leisten konnten.

Zutaten für 1 Glas

3 Stück Kandiszucker
3 cl Rum
30 ml Weißwein
30 ml heißes Wasser

Zubereitung

1 Den Kandiszucker in ein Glas geben, den angewärmten Rum und den erhitzten Weißwein dazugeben.

2 Mit heißem Wasser auffüllen und sofort servieren.

Schriftgelehrter

Friesenbech

Helgoländer Feuer

Register

Dieses Buch des Autors Norbert von Frankenstein
ist ursprünglich in der erfolgreichen Buchreihe
„Kulinarische Streifzüge" der Sigloch Edition
erschienen, wurde von uns aktualisiert und damit
zu neuem Leben erweckt.

©2019 design cat GmbH

Genehmigte Lizenzausgabe
tosa GmbH
Industriestraße 19
64407 Fränkisch-Crumbach 2019
www.tosa-verlag.de

Projektleitung:
Sonja Sammüller
Layout, Satz und Umschlaggestaltung:
design cat GmbH

ISBN 978-3-86313-844-8

Bildnachweis
Shutterstock: 5PH_ 154; a. schwarzbrehm 12; Africa Studio 21, 36; alisalipa 154; Anastasiia Malinich 68; Andreas
Krumwiede 12, 62; Andreas Rose 76, 159; Andrew Balcombe 42; Andrey Lebedev 64; anela.k 108; Animaflora PicsStock
4, 13; Anna Shkuratova 136; AS Food studio 116; astudio 12; Auhustsinovich 88; BAMO 114; Barbara Dudzinska 80;
Bernd Meissner 14; bluecrayola 17; Bo Valentino 5, 18; canadastock 17; Carl Ning 102; Christian Horz 4, 22; Christian
Jung 52; Christin Klose 82; Cora Mueller 5, 17; Dennis Wegewijs 46; Eivaisla 134; Evgeny Karandaev 146; Foodio 32, 126;
foto-select 30, 98; Fotoluminate LLC 110; Frederick Doerschem 28; Gerckens-Photo-Hamburg 10; Gerhard Roethlinger
13; guentermanaus 138, 152; Gerhard Roethlinger 86; hans engbers 142; Hein Nouwens 94; hiroshi teshigawara 100;
Ildi Papp 33; Irina Fischer 24; Ivonne Wierink 48; jarrad 58; JuneJ 20; Karl Allgaeuer 136; Krasula_ 136; ksl 58; Komar
134; Kondor83 78; kritzeltheartist.com 17; ksl 25; kyslynskahal 122; LaMiaFotografia 26; lassedesignen 29; Lemon
Tree Images 21; Leonid Andronov 16; margouillat photo 106; mese.berg 25; Michael Thaler 6; Monika Hunackova 8;
multiart 74; msgrafixx 96; Nedim Bajramovic 66; nednapa 84; Nenad Cavoski 60; Nitr 130; NeydtStock 90; patruflo
146; Pawel Kazmierczak 24; Peter Probst 8; PhotocechCZ 50; primopiano 5, 36, 38, 40, 42, 46, 48, 50, 54, 58, 60,
62, 64, 66, 68, 72, 74, 76, 80, 82, 86, 88, 90, 94, 96, 98, 100, 102, 104, 106, 108, 114, 116, 38; PROMA1 29; Ralf Gosch 46;
Richard Jary 20; Rudmer Zwerver 72; S-F 32; Sean Locke Photography 21; Seregam 8; Soru Epotok 120; Spring_summer
106; stockcreations 104; StudioPortoSabbia 9; Sue Adams Photography 40; sweasy 38; Tanya Dvoretskaya 156; Tatiana
Vorona 33; ThomBal 13; Thomas Francois 54; travelpeter 82; 118; Vladimir Kuts 16
design cat GmbH, SIGLOCH EDITION: 34-35, 37, 39, 41, 43, 45, 47, 49, 51, 53, 55, 57, 59, 61, 63, 65, 67, 69, 70-71, 73, 75,
77, 79, 81, 83, 85, 87, 89, 91, 92-93, 95, 97, 99, 101, 103, 105, 107, 109, 111, 113, 115, 117, 119, 121, 123, 124-125, 127, 129, 131, 133,
135, 137, 139, 141, 143, 145, 147, 149, 151, 153, 155, 157